Midokpè René AVOCETIEN

MAITRISE LES PROMPTS POUR AUGMENTER TA PRODUCTIVITÉ X5

Préface de Hermas AYI

SOMMAIRE

Chapitre 5 – Framework CARE

- Parfait pour tout ce qui touche à la communication et la stratégie.
- Exemple : Demander un plan de contenu à l'IA avec CARE.
- Atelier : générer une campagne social media.

Chapitre 6 – Framework ROSES

- Idéal pour les scénarios complexes et les projets.
- Application : Prototypage, produits, stratégie UX.
- Atelier : construire un prompt ROSES pour améliorer un service client.

Chapitre 7 – Intégrer les IA à ton quotidien

- Quelles sont les tâches que l'IA peut aider toute personne à gérer au quotidien
- Utiliser ces prompts dans ChatGPT, Notion AI, Claude, etc.
- Créer ta bibliothèque personnelle de prompts.
- Astuce bonus : créer des templates réutilisables selon tes besoins pro/perso.

Conclusion

PRÉFACE

L'histoire des révolutions technologiques peut se lire comme une histoire des modalités d'interaction entre l'homme et la machine. Chaque grande transformation a fait émerger une nouvelle forme de médiation : mécanique au XVIIIe siècle, énergétique au XIXe, organisationnelle au début du XXe, puis numérique à partir de la seconde moitié du XXe siècle.

Aujourd'hui, avec l'irruption et la démocratisation de l'intelligence artificielle générative, une nouvelle forme d'interaction s'impose : l'interaction cognitive. Il ne s'agit plus tant de maîtriser les langages techniques de la machine que de formuler, en langage naturel, des intentions suffisamment précises, contextualisées et orientées pour être interprétées par des modèles computationnels d'une puissance inédite.

Dans ce contexte, la capacité à dialoguer avec les systèmes d'intelligence artificielle devient un enjeu fondamental à la fois épistémologique et stratégique. C'est précisément à cet enjeu que répond l'ouvrage que vous vous apprêtez à lire. L'auteur y explore ce que l'on nomme aujourd'hui le prompting, à travers cinq frameworks opérationnels qui outillent l'usager pour formuler des requêtes pertinentes, performantes et intentionnelles.

Dans mes recherches sur la transition vers des économies de type plateforme, j'ai souvent souligné combien la capacité à traduire des objectifs humains en configurations techniques devient un facteur déterminant de souveraineté, d'inclusion et de création de valeur. Cet ouvrage en fournit une illustration concrète. Il s'inscrit dans une démarche de structuration de la collaboration homme-machine et contribue à formaliser les conditions d'une appropriation éclairée de l'IA par un large public.

L'auteur propose une méthode claire, accessible, mais intellectuellement exigeante pour tirer un meilleur parti des outils basés sur les intelligences artificielles. Il permet à chacun de se réapproprier un pouvoir d'action dans un monde de plus en plus médié par des modèles dont la logique nous échappe souvent.

Hermas Ayi
Directeur exécutif d'Ibudo
Chercheur indépendant sur les plateformes, l'inclusion numérique et les
modèles d'innovation

INTRODUCTION

Nous vivons un tournant historique. Il y a quelques années à peine, l'idée qu'une machine puisse écrire un texte, créer une stratégie marketing, générer du code, analyser un bilan financier ou encore donner des conseils de coaching personnalisés relevait de la science-fiction.

Aujourd'hui, cette réalité est non seulement possible, mais elle est déjà accessible à tous, depuis un simple smartphone. L'intelligence artificielle – en particulier les IA génératives comme ChatGPT, Claude ou Gemini – n'est plus un concept lointain réservé aux ingénieurs de la Silicon Valley. Elle est devenue un outil du quotidien, un levier stratégique, un multiplicateur de temps et un réducteur d'efforts mentaux. Pour celui qui sait bien s'en servir, l'IA devient un accélérateur phénoménal de productivité, capable de transformer des heures de travail en quelques minutes d'interaction.

Imagine pouvoir résumer un livre en 30 secondes, générer une trame de pitch en 3 questions, ou créer un plan d'action marketing pendant que tu prépares ton café. *L'IA ne remplace pas ton intelligence : elle l'étend*. Elle ne pense pas à ta place, mais elle peut penser avec toi, structurer tes idées, te challenger, t'aider à passer à l'action plus vite, plus souvent, et avec plus de clarté. En déléguant les tâches chronophages ou mentales à faible valeur ajoutée, tu récupères de l'espace pour te concentrer sur ce qui compte vraiment : la créativité, la stratégie, la relation humaine, l'impact.

En ce sens, l'IA est un partenaire de croissance bien plus qu'un outil froid et technique.

Mais voilà le hic. L'IA, aussi puissante soit-elle, reste aussi bonne que les instructions qu'on lui donne. Et c'est là que la majorité des utilisateurs échouent. Ils formulent leurs demandes comme s'ils posaient une question à un moteur de recherche ou comme s'ils parlaient à un collègue humain.

Ainsi, ils obtiennent des réponses vagues, génériques, approximatives. Des textes fades. Des stratégies sans fond. Des idées recyclées. Et parfois, de la pure confusion. Ce n'est pas la faute de l'IA – c'est celle du prompt.

Le prompt est la clé de voûte de la collaboration homme-machine. Un prompt mal construit, c'est comme envoyer un artisan construire une maison sans plan, sans outils, sans consignes claires. Tu peux avoir le meilleur ouvrier du monde : le résultat sera bancal.

Le piège des prompts vagues, c'est qu'ils donnent l'illusion d'un fonctionnement simple. On croit que parler à l'IA suffit. On se contente de dire : "Écris-moi un article de blog", "Fais-moi une stratégie", "Donne-moi des idées". *Et quand le résultat est décevant, on abandonne, on critique la machine, ou pire, on se dit que l'IA "n'est pas faite pour nous".* Or, ce n'est pas que l'IA ne sait pas faire. C'est nous qui ne savons pas lui parler.

Formuler une demande à l'IA, ce n'est pas la même chose que formuler une demande à un collègue. Il faut être clair, structuré, précis, et surtout lui donner le bon contexte. Sinon, tu perds du temps, de l'énergie, et tu passes à côté de son potentiel immense.

Et c'est justement pour résoudre ce problème que ce livre existe. Parce que tu n'as pas besoin d'être développeur ou ingénieur en machine learning pour **exploiter tout le potentiel de l'intelligence artificielle**. Tu as juste besoin des bons outils de communication. Des modèles simples, efficaces, actionnables tout de suite.

Et c'est ce que proposent les frameworks **RISE, TRACE, ERA, CARE et ROSES**. Ce sont des structures de pensée, des canevas de prompts qui t'aident à formuler des demandes puissantes, claires, précises et orientées résultats. En les utilisant, tu apprends à donner à l'IA exactement ce qu'elle attend pour te répondre de manière vraiment utile.

Chaque framework a été conçu pour des usages spécifiques : **rédaction de contenu, prise de décision, création de stratégie, analyse de données, prototypage, résolution de problèmes, etc**. Ils te permettent de communiquer avec l'IA comme un pro, en maîtrisant la logique de la machine tout en restant connecté à tes objectifs humains.

Avec un bon prompt, l'IA devient plus qu'un assistant : elle devient une extension de toi-même, un collaborateur infatigable, une ressource infinie que tu peux mobiliser 24h/24 pour atteindre tes objectifs plus vite et plus intelligemment.

Ce livre est une **boîte à outils mentale**. Il va t'aider à passer du simple utilisateur d'IA au véritable stratège du prompt. Il va t'apprendre non seulement à gagner du temps, mais aussi à générer de la valeur, à automatiser intelligemment, à mieux penser, à mieux décider.

Il va t'éviter d'être remplacé, non pas par une machine, **mais par** quelqu'un qui sait mieux s'en servir que toi.

Parce qu'au fond, la réalité est simple : dans un monde où l'IA est accessible à tous, la différence ne se fera pas entre ceux qui l'utilisent et ceux qui ne l'utilisent pas… mais entre ceux qui savent bien l'utiliser et les autres. Et toi, dans quel camp veux-tu te trouver ?

Alors, prêt à devenir irremplaçable ?

CHAPITRE 1
Les fondamentaux d'un bon prompt

QU'EST-CE QU'UN PROMPT ?

Un **prompt**, c'est bien plus qu'une simple question posée à une intelligence artificielle. C'est une *instruction claire, structurée et ciblée*, que tu donnes à l'IA pour qu'elle accomplisse une tâche précise ou produise un résultat attendu. En langage simple, c'est *la manière dont tu t'adresses à l'IA pour lui dire ce que tu veux qu'elle fasse*. Mais derrière cette apparente simplicité se cache une compétence stratégique : *la qualité de ta demande détermine directement la qualité de la réponse.*

Tu peux comparer un prompt à un *brief créatif*, un ordre de mission, ou encore à un plan d'action que tu remets à un collaborateur. Si ton brief est vague, imprécis ou trop général, ton collaborateur risque de produire un travail décevant. C'est exactement pareil avec une IA.

Lorsque tu écris : *"Parle-moi de marketing"*, tu offres une consigne floue, trop large, sans direction. L'IA fera ce qu'elle peut, mais le résultat sera probablement banal, passe-partout, peu utile. En revanche, si tu écris : *"Agis comme un expert en marketing digital. Donne-moi 5 idées de vidéos TikTok percutantes pour promouvoir une marque de soins bio destinée aux femmes entre 18 et 30 ans. Format court, ton dynamique, avec appel à l'action en fin de vidéo."* — alors là, tu fournis à l'IA tout ce dont elle a besoin pour comprendre ton intention, cibler son contenu, et répondre avec précision.

Le prompt est donc un outil de contrôle. Il permet de canaliser la puissance de l'IA vers un objectif précis. Sans prompt bien conçu, l'IA reste une machine puissante mais errante, comme une voiture de course sans GPS. C'est ta capacité à formuler des instructions claires qui transforme cette machine en *assistant intelligent, collaboratif et productif*. Ce n'est pas à elle de deviner ce que tu veux : c'est à toi de le formuler correctement. Et plus tu maîtrises cette formulation, plus l'IA devient efficace.

Un bon prompt va au-delà du simple "quoi faire ?". Il inclut souvent plusieurs éléments : *le rôle que l'IA doit jouer* (par exemple : "agis comme un coach, un recruteur, un juriste…"), *le contexte de la demande, les contraintes ou paramètres spécifiques* (public cible, format de sortie, ton souhaité, durée, support utilisé…), et bien sûr, *le résultat attendu*. Chaque composant de ton prompt affine la compréhension de l'IA et oriente la réponse dans la bonne direction. Tu passes alors d'un utilisateur passif à un utilisateur stratégique.

Par exemple, si tu veux que l'IA t'aide à rédiger une présentation PowerPoint, tu pourrais dire :
"Agis comme un consultant en stratégie. Je dois présenter une proposition à des investisseurs. Mon entreprise développe une application de santé connectée pour seniors. Aide-moi à structurer une présentation de 10 slides, avec une phrase d'accroche par slide et des arguments d'impact."
Ce prompt donne un rôle, un contexte, un objectif, et même une structure attendue. Résultat ? Tu obtiens une réponse ultra-ciblée, utilisable immédiatement.

On comprend donc que *le prompt est la charnière entre ton besoin et la capacité de réponse de l'IA*. Il reflète ta pensée, tes intentions, et surtout, ta capacité à transmettre de l'information utile.

En ce sens, savoir créer de bons prompts, ce n'est pas seulement "savoir parler à une machine" : c'est savoir penser de manière structurée, stratégique et synthétique. Et cette compétence devient aujourd'hui **indispensable**, que tu sois entre-preneur, créatif, étudiant, salarié ou consultant.

À l'ère de l'IA, **le prompt devient une forme de langage universel**. Un langage que tout le monde peut apprendre, mais que très peu savent vraiment maîtriser. Ceux qui y arrivent débloquent un avantage compétitif énorme : plus de rapidité, plus de clarté, plus de résultats.

Ce livre est là pour t'aider à rejoindre ce camp. Tu vas apprendre à construire des prompts comme on construit des outils : **solides, précis, efficaces**. Et tout commence par comprendre qu'un prompt, ce n'est pas juste "poser une question". C'est **définir une mission, calibrer une action, et activer un résultat**.

LES ERREURS CLASSIQUES À ÉVITER

Quand on commence à utiliser l'intelligence artificielle, il est courant de commettre certaines erreurs qui limitent fortement la qualité des résultats obtenus. Ces erreurs ne sont pas dues à un manque d'intelligence ou de compétence : elles viennent simplement d'une mauvaise compréhension du fonctionnement de l'IA. Identifier ces pièges dès le départ permet d'éviter beaucoup de frustrations, de pertes de temps… et surtout de transformer l'IA en véritable partenaire de productivité. Voici les erreurs les plus fréquentes à éviter, avec des explications concrètes pour chacune.

1. Être trop vague ou trop général

L'erreur la plus répandue est de formuler un prompt flou, imprécis, ou trop large. Par exemple, écrire simplement : *"Parle-moi du marketing digital"*, *"Aide-moi à améliorer ma productivité"* ou *"Fais-moi un plan de business"* conduit souvent à des réponses très génériques, peu approfondies et difficilement exploitables.

Pourquoi ? Parce que l'IA ne sait pas dans quel contexte tu poses la question, pour quel objectif, ni pour quel public.

Elle fait donc des suppositions, souvent à côté de la plaque. Plus ton prompt est vague, plus la réponse sera déconnectée de tes vrais besoins. **L'IA n'invente pas ton intention** : c'est à toi de la clarifier.

2. Oublier de définir un rôle pour l'IA

Tu peux demander à l'IA de se comporter comme un expert dans un domaine spécifique. C'est une de ses forces. Et pourtant, beaucoup d'utilisateurs oublient cette option essentielle. Résultat : l'IA répond de manière neutre, scolaire, parfois trop prudente ou trop superficielle.

Au lieu de dire : *"Fais-moi un résumé de ce texte"*,

dis plutôt : *"Agis comme un professeur de littérature expérimenté. Résume ce texte en identifiant les grandes idées et en mettant en évidence les procédés d'écriture utilisés."*

Tu actives ici une "posture mentale" chez l'IA, ce qui modifie profondément la qualité de la réponse. Sans rôle assigné, elle reste dans un mode par défaut souvent peu pertinent.

3. Ne pas donner de contexte

L'IA ne connaît pas ta situation. Elle ne sait pas si tu es étudiant, chef de projet, freelance, enseignant ou entrepreneur.

Elle ne sait pas si tu veux un contenu professionnel, personnel, décalé, académique ou humoristique. Le contexte est ce qui oriente la pertinence de la réponse.

Par exemple, si tu écris : *"Écris-moi une introduction"*, elle peut rédiger une ouverture très formelle, alors que tu voulais un ton inspirant et émotionnel pour une publication sur LinkedIn.

La bonne formulation serait : *"Je rédige un post LinkedIn pour inspirer les jeunes entrepreneurs. Peux-tu écrire une introduction engageante, avec un ton sincère et motivant, à partir de ce message ?"*

Plus le contexte est riche, plus la réponse est utile et adaptée.

4. Donner trop peu d'instructions

Une autre erreur classique est de s'attendre à ce que l'IA structure, hiérarchise ou priorise les informations par elle-même. Or, elle peut proposer des structures, mais elle le fait bien mieux si tu lui indiques ce que tu attends. Il ne suffit pas de dire : *"Écris-moi un article"* ; il faut préciser la structure souhaitée, le nombre de mots, le format, le public visé, le style, etc.

Exemple efficace :

"Écris-moi un article de blog de 800 mots destiné à des débutants en investissement immobilier. Structure-le en 4 parties : introduction, avantages, pièges à éviter, conclusion. Utilise un ton simple, pédagogique et dynamique."

5. Oublier de préciser le format de sortie attendu

Vouloir une information ou un livrable, mais ne pas préciser son format est une erreur fréquente. Tu peux avoir besoin d'une liste, d'un tableau, d'un plan structuré, d'un script, d'un email type, d'une page de vente, etc. Si tu ne le précises pas, l'IA devinera… et souvent, elle se trompera.

Exemple :

- Mauvais prompt : *"Donne-moi des idées de contenu."*
- Bon prompt : *"Donne-moi 10 idées de contenu sous forme de tableau avec 3 colonnes : idée, objectif, format."*

6. Négliger les contraintes ou critères importants

L'IA est très performante quand tu lui imposes des contraintes claires. Pourtant, beaucoup de gens oublient de spécifier des critères de longueur, de ton, de mots-clés à utiliser ou à éviter, de niveau de langage, de temps de lecture, etc. Ce sont ces contraintes qui **canalisent la réponse et la rendent exploitable**.

Exemple :

Tu veux un message d'email professionnel de relance ? Dis-le. Tu veux un post pour Instagram de moins de 150 mots avec des émojis ? Précise-le. Tu veux un message formel sans abréviations ni familiarités ? Demande-le. L'IA excelle dans le respect des règles... **si tu les énonces.**

7. Ne pas faire de tests ou d'ajustements

Certaines personnes écrivent un prompt, obtiennent une réponse moyenne, et en concluent que "ça ne marche pas". En réalité, il faut voir l'IA **comme un collaborateur que tu formes en direct**. Si le résultat est insuffisant, améliore ton prompt, affine tes demandes, précise ce qui te plaît ou non.

L'itération est la clé : tu peux relancer l'IA avec *"rédige ça dans un ton plus léger"*, *"rends la conclusion plus percutante"*, *"fais-moi une autre version, plus synthétique"*. Trop souvent, les utilisateurs s'arrêtent au premier essai. Or, les meilleurs résultats viennent au **2e ou 3e prompt**, là où tu affines, tu ajustes, tu représentes.

8. Croire que l'IA "sait déjà" tout

Enfin, une erreur subtile mais très fréquente est de penser que l'IA comprend déjà ta logique, ton projet, ton entreprise, ton style personnel. *Ce n'est pas le cas*. L'IA n'a pas de mémoire de toi (sauf si tu la nourris d'un historique), elle ne connaît que ce que tu lui dis *ici et maintenant*. Elle ne fait pas de lien entre ce que tu lui as dit il y a 10 minutes et ta demande actuelle, sauf si tu réutilises les éléments dans ton prompt.

Par conséquent, *ne prends rien pour acquis*. Reformule, rappelle les objectifs, donne les données nécessaires à chaque fois. Cela peut paraître répétitif au début, mais c'est ce qui garantit la cohérence et la pertinence.

> Les erreurs classiques dans l'art du prompt viennent presque toujours d'un manque de clarté, de précision ou de structure dans la demande initiale. Plus tu es flou, plus l'IA te répondra de manière décevante. Plus tu es explicite, structuré, rigoureux dans ta manière de t'adresser à elle, plus tu obtiendras des résultats puissants, adaptés, et réellement utiles à ton activité.
>
> Et la bonne nouvelle ? C'est une compétence qui s'apprend rapidement. Et tu es déjà en train de l'acquérir.

L'IMPORTANCE DE LA PRÉCISION ET DU CONTEXTE

Si tu veux tirer le meilleur de l'intelligence artificielle, il y a deux leviers essentiels à maîtriser : la précision et le contexte. Ce sont les fondations d'un prompt puissant, et sans eux, même la meilleure IA au monde ne pourra te livrer un résultat pertinent. L'IA ne fonctionne pas sur l'intuition ou la compréhension implicite comme un humain. Elle ne lit pas entre les lignes, elle ne devine pas tes intentions cachées, et elle ne comprend pas ton environnement par défaut. Elle répond uniquement à ce que tu lui dis – ni plus, ni moins.

C'est pourquoi **chaque mot compte**. Chaque précision que tu ajoutes dans ton prompt permet à l'IA de mieux cadrer sa réponse, de comprendre ta demande dans sa totalité, et de produire un contenu plus utile, plus applicable et plus proche de tes attentes réelles. À l'inverse, une demande trop floue, trop courte ou sans contexte pousse l'IA à "remplir les blancs" en se basant sur des suppositions générales. Et souvent, ces suppositions ne correspondent pas du tout à ta réalité.

Prenons un exemple simple :
Tu demandes à l'IA : "*Fais-moi un post LinkedIn.*"
Résultat ?
Tu reçois un texte générique, parfois trop long, sans lien avec ton ton habituel, avec un vocabulaire standardisé, sans impact. Pourquoi ? Parce que tu n'as pas précisé *pour qui, dans quel objectif, sur quel ton, et sur quel sujet*. L'IA, elle, a juste rempli la commande en mode "par défaut".

Elle ne sait pas si tu veux inspirer, informer, vendre, choquer ou divertir. Elle ne sait pas si tu t'adresses à des étudiants, à des RH, à des chefs d'entreprise ou à des freelances. Elle ne sait pas si tu préfères un ton décontracté ou très professionnel.

Maintenant, reformulons ce même prompt de manière précise et contextuelle :

"Je suis consultant en organisation. Je m'adresse à une audience de dirigeants de PME sur LinkedIn. Aide-moi à écrire un post de 150 mots qui attire l'attention dès la première ligne, sur le thème de la perte de temps en réunion. Le ton doit être direct mais professionnel. Termine le post avec une question ouverte pour inciter à l'engagement."

Là, **l'IA a tout ce qu'il lui faut** : qui tu es, qui tu cibles, quel message tu veux faire passer, avec quel style, dans quel format, et avec quel objectif. Résultat ? Un post bien plus pertinent, qui résonne avec ton audience, et que tu peux publier presque tel quel.

Voilà pourquoi *la précision n'est pas un luxe*, c'est une nécessité. Chaque détail que tu ajoutes — rôle, cible, canal, ton, objectif, format, longueur — agit comme un filtre qui guide la production de l'IA dans la bonne direction. Ce que tu gagnes, ce n'est pas juste une meilleure réponse : c'est du temps, de l'énergie, et une capacité à produire des livrables directement exploitables.

Mais la précision seule ne suffit pas. Il faut aussi du contexte. Le contexte, c'est tout ce qui permet à l'IA de comprendre ta situation spécifique. C'est ce qui distingue deux utilisateurs qui demandent la même chose… mais attendent des réponses totalement différentes. Le contexte inclut ton secteur d'activité, ton public cible, ton intention stratégique, tes contraintes personnelles, ou même ce que tu as déjà essayé par le passé.

Prenons un autre exemple concret.
Tu veux organiser un webinaire, et tu dis à l'IA : *"Aide-moi à préparer un webinaire."*

Encore une fois, la réponse sera vague. Mais si tu ajoutes du contexte : *"Je suis formatrice en développement personnel. Je vais animer un webinaire de 45 minutes destiné à des femmes entrepreneures débutantes. L'objectif est de leur apprendre à mieux gérer leur temps. J'aimerais une structure en 3 parties avec des temps d'interaction. Le ton doit être bienveillant et motivant."*

Tu viens de multiplier la qualité de la réponse par dix. Tu as encadré la mission. Tu as **remplacé les incertitudes par des balises**. Et l'IA peut maintenant t'apporter une structure, des idées, des transitions et même des phrases d'introduction qui te ressemblent.

Un prompt sans contexte, c'est comme demander à quelqu'un de construire une maison… sans lui dire s'il s'agit d'une maison de vacances en bord de mer, d'un appartement urbain ou d'une tiny house en montagne. Il fera ce qu'il peut. Mais ce ne sera probablement pas ce que tu voulais.

À l'inverse, **plus tu contextualises, plus tu obtiens des résultats sur mesure**. Tu peux donner à l'IA des exemples passés, des extraits de ce que tu aimes ou pas, des données chiffrées, des contraintes de format, des valeurs à respecter, des éléments de ton audience. L'IA peut absorber ces infos pour produire une réponse **adaptée, réaliste, et surtout utilisable immédiatement**.

La précision et le contexte sont les deux piliers d'un prompt qui fonctionne. C'est comme si tu dressais une carte précise pour que l'IA te rejoigne là où tu veux aller.

Tu n'as pas besoin d'écrire un roman à chaque fois, mais tu dois apprendre à *fournir suffisamment d'éléments pour orienter la machine avec justesse*. C'est cette capacité à bien cadrer ta demande qui transforme l'IA d'un outil correct en un **allié stratégique, rapide, pertinent et parfois même bluffant**.

Alors retiens bien ceci : chaque fois que tu formules une demande à l'IA, pose-toi deux questions simples avant d'appuyer sur "Entrée" :

1. *Suis-je assez précis dans ce que je demande ?*
2. *Ai-je donné suffisamment de contexte pour qu'elle comprenne ma réalité ?*

Si la réponse à l'un de ces deux points est "non", reformule. Tu vas vite voir que **les résultats seront bien meilleurs**, et surtout beaucoup plus proches de ce que tu attendais vraiment. C'est tout l'art du prompt : parler moins, mais parler mieux.

CHAPITRE 2
Framework RISE

Dans l'univers de l'intelligence artificielle, et en particulier lorsqu'on utilise des IA génératives comme ChatGPT, un bon prompt ne laisse rien au hasard. Il doit guider la machine avec précision, intention et structure. C'est exactement ce que permet le **framework RISE**, un modèle simple mais terriblement efficace pour construire des requêtes puissantes, orientées résultats.

RISE est un acronyme qui signifie :
- *Rôle*
- *Input*
- *Steps*
- *Expectation*

Ce modèle t'aide à penser ton prompt comme un tout cohérent, bien pensé et complet. À chaque lettre correspond un élément fondamental de ta demande. Une fois que tu les maîtrises et que tu les intègres dans ta formulation, l'IA devient capable de *répondre de manière beaucoup plus ciblée, plus logique, plus pratique*.

Voyons chaque élément en détail.

1. R – Rôle

Le rôle, c'est la *fonction que tu veux que l'IA joue*. C'est une consigne qui place l'IA dans un contexte professionnel ou intellectuel spécifique. En effet, une IA peut simuler un grand nombre de postures mentales : celle d'un expert, d'un conseiller, d'un formateur, d'un analyste, d'un écrivain, d'un recruteur, d'un marketeur, etc.

En définissant clairement ce rôle, tu influences fortement le **ton**, le niveau de **langage**, la **terminologie** et la **structure de réponse**.
Exemples :
- *"Agis comme un chef de projet senior dans une startup tech."*
- *"Tu es un professeur de philosophie habitué à vulgariser pour des lycéens."*
- *"Tu es une IA spécialisée en fiscalité des entreprises françaises."*

Le rôle permet à l'IA d'adapter son "comportement" aux attentes de la mission. Sans rôle, elle répondra en mode générique. Avec un rôle bien défini, elle t'apporte une *valeur ciblée, alignée sur une logique métier*.

2. I – Input

L'input, ce sont *les données que tu fournis à l'IA* pour qu'elle puisse travailler. Ce peut être une information brute (comme une liste, un tableau, un texte), un contexte (ex : "je viens de finir une réunion avec le client X"), ou un besoin spécifique (ex : "je dois préparer une présentation pour demain matin").

Beaucoup de gens oublient cette étape. Ils demandent une analyse ou une production sans donner de matière à l'IA. Résultat ? Elle invente ou se base sur des exemples génériques. Or, plus tu nourris l'IA avec **des informations précises**, plus elle devient utile.

Exemples d'inputs :

- Un extrait de texte : *"Voici une introduction, aide-moi à l'améliorer."*
- Une problématique : *"Je gère une équipe de 5 personnes dispersées sur plusieurs fuseaux horaires."*
- Des données : *"Voici les résultats de mon sondage client."*

L'input est comme le carburant de la machine : **pas de carburant, pas de performance**.

3. S – Steps

Les steps (étapes) représentent la ***méthodologie que tu veux que l'IA suive pour répondre.*** C'est ici que tu peux diriger le déroulement de sa réponse : veux-tu qu'elle analyse, qu'elle propose d'abord des idées, qu'elle suive une logique en plusieurs phases ? En donnant des étapes, tu structures la réponse.

L'un des avantages de l'IA, c'est qu'elle peut suivre ***un plan logique étape par étape***, comme un assistant méthodique. En indiquant les étapes à suivre, tu obtiens des réponses plus claires, mieux organisées et plus cohérentes.

Exemples :

- "**Étape 1** : liste les problèmes possibles. **Étape 2** : propose des solutions pour chacun. **Étape 3** : sélectionne la meilleure."
- "Commence par résumer, puis donne une opinion critique, et termine par une recommandation."
- "Suis cette structure : introduction, développement, conclusion, appel à l'action."

Donner les étapes revient à piloter la structure de la réponse. C'est toi qui tiens le volant.

4. E – Expectation

Enfin, "Expectation" désigne *le résultat que tu attends précisément de l'IA*. Ce que tu veux obtenir à la fin : une liste ? Un résumé ? Un plan d'action ? Un tableau ? Une recommandation ? Une analyse critique ?

Plus tu es clair sur cette attente, plus l'IA peut orienter ses efforts pour te livrer **une réponse exploitable.**

Beaucoup d'utilisateurs s'arrêtent à "donne-moi des idées" ou "rédige un article". Or, ces formulations trop ouvertes laissent l'IA sans direction claire. En expliquant ce que tu veux réellement obtenir, *tu convertis la puissance de calcul de l'IA en valeur concrète*.
Exemples :

- *"Je veux une synthèse claire en 5 points clés."*
- *"Je souhaite obtenir un email de relance prêt à envoyer."*
- *"Mon objectif est d'avoir un tableau comparatif simple entre trois options."*

C'est en fixant une attente précise que l'IA peut répondre de manière ciblée, efficace et mesurable.

Pourquoi RISE est-il si puissant ?

Parce qu'il structure la demande de manière logique, tout en respectant la manière dont une IA fonctionne. Ce modèle est particulièrement utile pour les professionnels, les étudiants, les entrepreneurs, les créateurs de contenu, et toutes celles et ceux qui souhaitent gagner du temps tout en améliorant la qualité de leurs productions.

RISE t'aide à ne plus jamais parler "dans le vide" avec l'IA. Il transforme une simple demande floue en commande stratégique, en encadrant chaque aspect de la requête.

Il devient alors bien plus facile d'obtenir :

- *Des textes mieux rédigés.*
- *Des analyses plus pertinentes.*
- *Des idées plus adaptées à ton contexte.*
- *Des résultats concrets, que tu peux utiliser immédiatement.*

RISE est un cadre simple, mais incroyablement puissant, pour t'assurer que ton prompt est **complet, intelligent et orienté résultat**. C'est une structure mentale qui t'oblige à :

1. **Clarifier le rôle** que tu assignes à l'IA.
2. **Fournir les informations nécessaires** pour qu'elle réponde correctement.
3. **Structurer la réponse attendue** via des étapes logiques.
4. **Exprimer clairement ton besoin final**, sans ambiguïté.

Maîtriser RISE, c'est entrer dans une nouvelle dimension de collaboration avec l'IA. Tu passes d'utilisateur débutant à stratège du prompt. Et à l'ère de l'intelligence artificielle, cette compétence n'est plus un bonus — c'est un avantage décisif.

EXEMPLE SIMPLE + EXEMPLE AVANCÉ.

Exemple simple – Tâche de base : Générer des idées de publication LinkedIn

Imaginons que tu souhaites demander à l'IA de t'aider à publier régulièrement sur LinkedIn pour développer ta visibilité professionnelle. Tu pourrais être tenté d'écrire un prompt simple comme :

"Donne-moi des idées de publications LinkedIn."

Ce type de prompt peut fonctionner, mais il reste vague. Tu risques de recevoir des idées très générales, souvent peu inspirantes, mal ciblées et sans cohérence avec ton positionnement.

Appliquons maintenant la méthode RISE pour transformer cette demande basique en un prompt structuré, clair, contextualisé, et donc bien plus puissant :

Prompt structuré avec RISE :
- *Rôle* : Tu es un expert en personal branding sur LinkedIn.
- *Input* : Je suis coach en reconversion professionnelle, je m'adresse à des cadres entre 30 et 45 ans qui veulent changer de métier. Mon objectif est d'accroître ma visibilité et d'attirer plus de clients via des publications régulières.
- *Steps* : Propose 10 idées de publications réparties en 3 catégories : (1) contenu inspirationnel, (2) contenu éducatif, (3) témoignages ou storytelling. Chaque idée doit inclure un titre accrocheur, une phrase d'accroche, et une suggestion de call-to-action.
- *Expectation* : Je veux un tableau clair avec 3 colonnes : Type de contenu / Idée de post / Objectif du post.

Pourquoi ça fonctionne :
Dans cet exemple, chaque élément du modèle RISE est respecté :
- Tu précises le rôle (expert en personal branding) → l'IA adopte une posture de spécialiste.
- Tu donnes des informations concrètes sur toi et ta cible → l'IA adapte les idées à ton positionnement.
- Tu indiques comment structurer la réponse (en catégories, avec titre, accroche, CTA) → l'IA répond dans un format exploitable.
- Tu formules clairement le livrable attendu (un tableau clair à trois colonnes) → l'IA t'évite le travail de reformulation.

Le résultat est directement utilisable, ciblé, professionnel, et demande *zéro retouche.*

Exemple avancé – Tâche complexe : Analyse stratégique d'un positionnement de marque

Maintenant, prenons un cas plus complexe, impliquant à la fois de l'analyse, de la stratégie et de la recommandation.

Tu travailles pour une marque qui veut repositionner son image pour toucher une nouvelle audience. Tu veux que l'IA t'aide à analyser ton positionnement actuel, identifier les faiblesses, et te proposer des axes d'amélioration.

Prompt flou :

"Peux-tu m'aider à repositionner ma marque ?"

Ce prompt, trop court et trop vague, ne donne **aucune direction claire à l'IA**. Elle va peut-être répondre avec des conseils génériques, parler de "stratégie de marque", te proposer des slogans bateaux… Bref, un résultat très éloigné de tes vrais enjeux.

Prompt structuré avec RISE :

- ***Rôle*** : Tu es un consultant expert en stratégie de marque, avec 15 ans d'expérience dans le repositionnement d'entreprises innovantes.
- ***Input*** : Je travaille pour une marque de vêtements éthiques pour hommes. Notre positionnement actuel est axé sur la durabilité, mais nos ventes stagnent. Nous voulons attirer une audience plus jeune (25-35 ans) sans renier nos valeurs. Nos canaux principaux sont Instagram, TikTok et une boutique Shopify. Nos concurrents sont Asphalte, Loom, et Panafrica. Nos clients actuels disent apprécier notre qualité mais trouvent nos messages trop "corporate".
- ***Steps*** :
— Analyse notre positionnement actuel : forces, faiblesses, perception probable.

— Propose 3 axes de repositionnement possibles adaptés à notre cible.

— Pour chaque axe, suggère un message-clé, un slogan et une idée de campagne social media.

- **Expectation** :

Je veux un rapport clair et structuré, en langage professionnel, prêt à être présenté à mon équipe marketing.

Ce que produit l'IA avec ce prompt :

L'IA, en jouant pleinement le rôle d'un consultant expert, va :

- Dresser une analyse SWOT du positionnement actuel.
- Te montrer en quoi tes concurrents se démarquent.
- Te proposer 3 orientations stratégiques différentes, chacune avec un angle de communication, un slogan adapté, et une idée de contenu à tester.
- Te livrer un contenu propre, professionnel, avec des formulations prêtes à être réutilisées en réunion ou dans un document de travail.

La puissance de RISE se révèle encore plus dans les tâches complexes, où plusieurs niveaux de réflexion sont nécessaires. Le simple fait de structurer ton prompt selon ce modèle :

- Clarifie ton besoin pour toi-même,
- Cadre parfaitement le travail attendu pour l'IA,
- Et te *fait gagner un temps considérable* sur la post-édition, la reformulation ou l'adaptation.

RISE n'est pas juste un outil pour "mieux parler à l'IA" — c'est un *cadre de pensée stratégique* qui t'oblige à mieux penser ta propre demande. Que tu sois débutant ou utilisateur avancé, appliquer ce framework te garantit de *multiplier la qualité de tes résultats.*

ATELIER PRATIQUE : TRANSFORMER UN PROMPT BASIQUE EN PROMPT RISE.

Apprendre à formuler un prompt avec le framework **RISE**, c'est comme apprendre à structurer une pensée complexe pour qu'elle devienne exploitable par une **machine intelligente**. Dans cet atelier, tu vas voir concrètement comment passer d'une *demande vague, imprécise ou peu productive*, à une instruction claire, détaillée et orientée résultat, grâce à la structure RISE (Rôle – Input – Steps – Expectation).

Cet atelier est conçu pour être interactif : tu peux le refaire avec tes propres idées, métiers ou projets. Il repose sur la réécriture d'un prompt classique, très répandu chez les utilisateurs débutants, pour en faire un prompt professionnel, prêt à générer de la valeur immédiatement.

Situation de départ :

Un utilisateur veut créer du contenu pour développer sa présence en ligne, mais il écrit simplement ce prompt :

"Donne-moi des idées de contenu pour mon entreprise."

Ce prompt est :

- Trop vague : on ne sait rien de l'entreprise, de son secteur, ni de son public.
- Sans objectif clair : veut-il attirer, éduquer, vendre ?
- Sans format : blog ? vidéo ? infographie ?
- Sans rôle assigné à l'IA.
- Sans structure dans la réponse.

Résultat probable : des idées superficielles, généralistes, difficilement exploitables.

Étape 1 – Appliquer RISE pour structurer la demande

On va maintenant transformer ce prompt en le passant à travers les *quatre étapes du framework RISE* :

R – Rôle

L'IA doit adopter un rôle spécifique pour générer des idées pertinentes.

— Tu es un expert en content marketing avec 10 ans d'expérience dans la création de stratégies de contenu engageantes pour les entreprises tech.

I – Input

Fournis les informations essentielles sur l'entreprise, la cible, les canaux utilisés, les besoins.

— *Je suis le fondateur d'une startup qui développe une application de gestion de tâches pour les freelances et indépendants. Notre mission est d'aider ces professionnels à mieux organiser leur journée. Nous communiquons principalement via LinkedIn, Instagram et notre blog.*

S – Steps

Donne des consignes claires sur le déroulement de la réponse.

— *Propose 9 idées de contenu réparties en 3 catégories : (1) éducation / informa-tion, (2) engagement/inspiration, (3) promotion/produit. Pour chaque idée, suggère un titre accrocheur, une courte description du message, et le format recommandé (ex : carrousel LinkedIn, story Instagram, article de blog…).*

E – Expectation

Exprime clairement ce que tu attends comme livrable final.

— *Je veux une liste structurée sous forme de tableau avec quatre colonnes : catégorie, titre, description, format. Les idées doivent être orientées vers des freelances débutants ou débordés.*

Prompt final en version RISE :

Tu es un expert en content marketing avec 10 ans d'expérience dans la création de stratégies de contenu engageantes pour les entreprises tech. Je suis le fondateur d'une startup qui développe une application de gestion de tâches pour les freelances et indépendants. Notre mission est d'aider ces professionnels à mieux organiser leur journée. Nous communiquons principalement via LinkedIn, Instagram et notre blog.

Propose 9 idées de contenu réparties en 3 catégories : (1) éducation / informa-tion, (2) engagement/inspiration, (3) promotion/produit. Pour chaque idée, suggère un titre accrocheur, une courte description du message, et le format recommandé (ex : carrousel LinkedIn, story Instagram, article de blog...).

Je veux une liste structurée sous forme de tableau avec quatre colonnes : catégorie, titre, description, format. Les idées doivent être orientées vers des freelances débutants ou débordés.

Résultat attendu :

L'IA va te générer un tableau clair, exploitable, avec des idées concrètes, orientées vers ta cible, et prêtes à être planifiées dans un calendrier éditorial. Tu pourras :

- Identifier les contenus à créer en priorité,
- Confier les idées à un graphiste, rédacteur ou community manager,
- Mesurer l'impact de chaque contenu selon sa catégorie.

Bonus : recommencer avec un autre prompt

Tu peux refaire cet exercice avec n'importe quelle demande floue que tu formules à l'IA. Par exemple :

- *"Fais-moi un plan marketing."*
- *"Aide-moi à préparer un entretien."*
- *"Crée un quiz pour ma formation."*
- *"Améliore ce texte."*

À chaque fois, pose-toi les 4 questions suivantes :

1. Quel rôle je veux que l'IA joue ?
2. Quelles informations précises je dois lui fournir ?
3. Quelles étapes doit-elle suivre pour répondre ?
4. Quel résultat final j'attends exactement ?

Ce que tu viens de faire, c'est **passer d'un prompt intuitif à un prompt stratégique**. Tu as encadré la demande avec une logique claire et une intention maîtrisée. Résultat : tu obtiens des livrables professionnels, précis, personnalisés et immédiatement utiles.

RISE est plus qu'une méthode : c'est une discipline mentale. Plus tu l'appliques, plus elle devient naturelle. Et très vite, tu ne formuleras plus jamais une demande à l'IA sans penser : « ***Ai-je bien défini le rôle, l'input, les étapes et l'attente ?*** »

C'est cette rigueur qui transforme un utilisateur lambda... en utilisateur augmenté.

CHAPITRE 3
Framework TRACE

Le framework TRACE est une méthode structurante conçue pour améliorer significativement la qualité de tes interactions avec une intelligence artificielle. Il est particulièrement utile lorsqu'il s'agit de produire du contenu, de traiter une tâche complexe ou d'obtenir une réponse bien cadrée et contextualisée. TRACE est l'acronyme de cinq éléments clés : **Tâche – Request – Action – Contexte – Exemple**. Chacun joue un rôle précis et contribue à guider l'IA de façon logique et opérationnelle.

Utiliser TRACE, c'est *donner une mission claire et complète à l'IA*, en lui indiquant non seulement quoi faire, mais aussi pourquoi, comment, dans quelle situation, et à quoi le résultat final devrait ressembler. C'est une méthode simple à retenir, mais redoutablement efficace pour formuler des prompts riches, cohérents et productifs. Voyons maintenant en détail chaque composant du modèle TRACE.

T – Tâche

Le premier élément de TRACE consiste à définir clairement la tâche que tu veux confier à l'IA. Il ne s'agit pas d'une simple suggestion, mais bien d'un verbe d'action précis, qui désigne ce que l'IA est censée accomplir. Exemples de tâches claires :

- Rédiger un article
- Générer des idées

- Créer un plan de formation
- Résumer un texte
- Réécrire un message
- Proposer une stratégie
- Concevoir un titre accrocheur

La tâche est le cœur de la demande. Si elle est floue ou trop générale, tout le reste sera bancal. Tu dois donc **formuler une action concrète et mesurable**. Par exemple, plutôt que de dire : "Parle-moi de la cybersécurité", dis : "*Rédige un arti-cle de blog de 800 mots sur les bonnes pratiques en cybersécurité pour les PME.*" Là, la tâche est précise, encadrée, et immédiatement compréhensible pour l'IA.

R – Request (la demande spécifique)

Une fois la tâche définie, tu dois formuler précisément ce que tu attends comme livrable. Il ne suffit pas de dire à l'IA "fais-moi un article" — tu dois lui dire quel type d'article, avec quel ton, quel format, pour quel objectif, etc.

La "Request" est donc l'occasion de **préciser les paramètres importants** :
- Nombre de mots ou de lignes
- Ton (professionnel, amical, formel, humoristique…)
- Style d'écriture (narratif, académique, commercial, didactique…)
- Objectif du contenu (informer, convaincre, vendre, inspirer…)
- Public cible

Exemple :
Je souhaite un article de 700 mots, structuré en trois parties, avec un ton pédagogique, mais accessible, destiné à des entrepreneurs débutants qui veulent se lancer dans le e-commerce.

Cette demande précise permet à l'IA de calibrer la réponse, d'éviter les hors-sujets, et surtout de **produire un résultat prêt à l'emploi**, sans que tu aies besoin de retravailler derrière.

A – Action

L'action, dans TRACE, correspond à *l'instruction concrète que tu veux que l'IA suive pour exécuter la tâche*. C'est souvent une consigne de forme ou de méthode qui va guider la manière dont la réponse sera construite.

Tu peux y inclure :
- La structure attendue
- Le format de réponse
- Les étapes à suivre
- L'ordre de présentation
- Les éléments à inclure ou à exclure

C'est cette partie qui permet à l'IA de ne pas simplement "pondre du texte", mais de *le structurer intelligemment selon une logique claire*.

Exemples d'actions :
- *Commence par une introduction courte, développe trois idées clés, puis termine par un appel à l'action.*
- *Présente les informations sous forme de tableau à deux colonnes.*
- *Organise les éléments par ordre chronologique ou par priorité.*

En l'absence d'action claire, l'IA fait ses propres choix — parfois bons, souvent très génériques. Tu perds alors en maîtrise et en pertinence. En imposant ta structure, tu orientes la réponse vers *ce que tu veux vraiment recevoir*.

C – Contexte

C'est probablement l'un des éléments les plus importants — et pourtant trop souvent négligé. Le contexte, c'est *ce qui encadre ta demande dans une situation réelle, vivante, humaine*.

C'est l'information que tu partages pour que l'IA comprenne **dans quel cadre, pour quelle finalité, et dans quelle logique tu formules ta demande**. Le contexte peut inclure :

- Le métier que tu exerces
- Le public que tu vises
- La plateforme sur laquelle tu publieras le contenu
- Le problème que tu essaies de résoudre
- L'environnement professionnel dans lequel tu évolues
- Tes contraintes spécifiques

Exemple :

Je suis community manager dans une association à but non lucratif. Nous lançons une campagne pour sensibiliser les jeunes aux dangers de la désinformation. Nous utilisons Instagram et TikTok.

Ce contexte permet à l'IA de se projeter dans ta réalité, d'adapter le ton, les références, les formats... et de générer une réponse bien plus pertinente qu'un simple contenu générique. Sans contexte, l'IA reste dans l'abstraction. Avec contexte, elle entre dans ta stratégie.

E – Exemple

Enfin, le dernier élément du framework TRACE est l'exemple. Fournir un exemple, même très simple, est un des moyens **les plus efficaces pour cadrer la qualité attendue.** L'exemple sert de repère à l'IA : il montre le style, le ton, la structure, ou même l'esprit que tu recherches.

L'exemple peut être :

- Un extrait d'un ancien contenu
- Un modèle trouvé sur Internet
- Une phrase que tu as écrite toi-même
- Une version "brouillon" que tu veux améliorer
- Un format que tu apprécies

Exemple :

Voici un exemple de publication que j'aime bien : "Les entrepreneurs qui réussissent ne sont pas ceux qui travaillent le plus… mais ceux qui délèguent le plus intelligemment." J'aimerais que tu t'en inspires pour le ton et la structure.

Grâce à cet exemple, l'IA comprend ce que tu veux en termes de style, d'intensité, de rythme, ou même d'émotion. Cela permet de réduire l'écart entre la réponse produite et ce que tu avais en tête.

Composant	Objectif	Questions à se poser
Tâche	Que dois-tu accomplir ?	Quelle est l'action principale que je confie à l'IA ?
Request	Que veux-tu précisément ?	Quel livrable je veux ? Dans quel style, format, ton, niveau de détail ?
Action	Comment structurer la réponse ?	Quelle méthode ou logique doit suivre l'IA ?
Contexte	Dans quel cadre ça s'inscrit ?	Qui suis-je ? Qui est concerné ? Pour quel canal ou usage ?
Exemple	À quoi ça doit ressembler ?	Ai-je un modèle ou une inspiration à montrer à l'IA ?

Pourquoi TRACE est si efficace ?

TRACE agit comme *un guide de communication ultra-précis avec l'IA*. Il te pousse à clarifier ton besoin en profondeur avant de le formuler. Cela te fait gagner un temps fou, t'évite de multiples ajustements, et surtout, te donne des résultats :

- Beaucoup plus pertinents
- Directement exploitables
- Adaptés à ton style, ton public et ta mission

Avec TRACE, tu passes de l'utilisateur qui "teste des prompts" à celui qui **commande des résultats**.

IDÉAL POUR LA RÉDACTION DE CONTENU ET LES TÂCHES COMPLEXES

Le framework TRACE est particulièrement efficace lorsqu'il s'agit de **produire du contenu** ou de **gérer des tâches complexes**, c'est-à-dire des demandes qui nécessitent non seulement une certaine créativité, mais aussi de la structure, de la précision, de la pertinence et parfois même une logique métier. Ce qui rend TRACE si puissant dans ces situations, c'est sa capacité à transformer une idée floue ou un besoin vague en une **instruction claire, détaillée et opérationnelle** que l'IA peut comprendre, traiter et restituer avec justesse.

Pourquoi TRACE est idéal pour la rédaction de contenu

La rédaction de contenu est l'un des usages les plus courants de l'intelligence artificielle. Que ce soit pour :

- écrire un article de blog,
- créer un post pour les réseaux sociaux,
- rédiger une newsletter,
- concevoir une description de produit,
- générer un script vidéo ou un email marketing,

...les utilisateurs attendent de l'IA un **résultat cohérent, percutant, bien structuré et adapté au public visé**.

Or, ce type de résultat ne peut pas être obtenu avec un simple prompt comme : "*Rédige un article sur le développement personnel.*"

Un prompt aussi vague donnera un contenu générique, souvent creux, sans personnalité ni direction. C'est ici que TRACE devient indispensable. Grâce à ses cinq composantes, il t'aide à orienter finement la production de l'IA en lui fournissant :

- une *tâche bien définie* (écrire, structurer, convertir, reformuler…),
- une *demande précise* (style, ton, objectif, longueur…),
- une *logique d'action* (structure attendue, format de sortie…),
- un *contexte réaliste* (cible, canal, problématique métier…),
- un *exemple concret* (modèle, inspiration, exemple passé…).y

Avec TRACE, tu n'as plus besoin de multiplier les essais. Tu formules une seule demande bien structurée, et l'IA peut te livrer un **contenu prêt à l'emploi ou très proche du livrable final.**

Exemple concret : rédaction d'un article de blog avec TRACE

Disons que tu veux publier un article de blog sur la charge mentale chez les entrepreneurs. Voici deux versions du prompt.

Prompt classique (inefficace) :
"Écris-moi un article de blog sur la charge mentale chez les entrepreneurs."
Réponse probable : un article généraliste, sans angle, avec des phrases toutes faites.

Prompt structuré avec TRACE :
- *Tâche* : Rédiger un article de blog
- *Request* : Article de 900 mots, structuré en 3 parties (constat, causes, solutions), ton empathique mais professionnel, destiné à des entrepreneurs en début d'activité.
- **Action** : Commence par une anecdote ou une statistique choc. Ensuite, développe les causes fréquentes de la surcharge mentale. Termine par 5 conseils actionnables. Inclue une citation inspirante en conclusion.

- *Contexte* : Je suis coach en productivité. Je publie cet article sur mon blog personnel pour sensibiliser mes lecteurs et introduire mes services de coaching.
- *Exemple* : J'apprécie les articles du blog Medium, notamment ceux qui sont narratifs et pédagogiques, comme celui-ci : [lien ou extrait fourni].

Avec un prompt comme celui-ci, l'IA a **tous les éléments pour créer un contenu pertinent, structuré, ciblé et engageant**. Le résultat est bien plus professionnel, et tu gagnes un temps précieux.

Pourquoi TRACE est aussi redoutable pour les tâches complexes

Une tâche complexe, ce n'est pas forcément une tâche longue : c'est une tâche qui combine plusieurs éléments à prendre en compte, qui demande de la logique, des priorités, de la contextualisation, voire des analyses croisées.

Par exemple :
- Créer un plan de communication en fonction d'un budget limité.
- Comparer trois solutions techniques en fonction de besoins métier.
- Concevoir un tunnel de vente cohérent selon une stratégie précise.
- Générer un guide pédagogique pour une audience spécifique.
- Analyser un marché ou une base de données à partir de données brutes.

Ces missions demandent à l'IA de traiter plusieurs niveaux d'information, de suivre une structure logique, et d'adapter son discours au contexte. TRACE est parfait pour ce genre de demandes parce qu'il :
- oblige l'utilisateur à *penser la demande comme un système*,

- **cadre les différentes dimensions** de la tâche (besoin, méthode, livrable, contexte),
- **réduit les imprécisions** dans la formulation,
- et surtout, permet d'obtenir une réponse **exploitée immédiatement**, sans avoir à reformuler sans cesse.

Exemple : comparaison stratégique de trois outils CRM

Prompt simple :

Compare-moi Hubspot, Pipedrive et Zoho CRM.

Réponse probable : une comparaison vague, sans grille de lecture claire.

Prompt TRACE :

- **Tâche** : Comparer trois outils CRM
- **Request** : Présente une analyse comparative entre Hubspot, Pipedrive et Zoho CRM en termes de fonctionnalités, prix, accessibilité, intégrations, et support client.
- **Action** : Organise la réponse sous forme de tableau avec colonnes pour chaque critère et une ligne de synthèse à la fin.
- **Contexte** : Je suis en train de choisir un CRM pour une PME de 15 personnes dans le secteur du conseil B2B. Le budget est limité, mais l'automatisation des emails est essentielle.
- **Exemple** : Voici le type de tableau que je veux (extrait ou lien fourni).

Résultat : tu obtiens une grille claire, directement utilisable en réunion ou pour prendre une décision rapide.

Le framework TRACE est **un allié incontournable dès que tu veux produire du contenu ou gérer des missions complexes avec l'IA**. Il te force à clarifier ta pensée, à expliciter tes attentes, et à fournir les éléments qui permettent à l'intelligence artificielle de réellement collaborer avec toi — pas juste de produire un texte standard.

Avec TRACE :

- Tu guides l'IA étape par étape, sans approximation.
- Tu gagnes un temps considérable sur les allers-retours.
- Tu obtiens des réponses plus professionnelles, plus ciblées, et prêtes à l'usage.

IDÉAL POUR LA RÉDACTION DE CONTENU ET LES TÂCHES COMPLEXES

Étude de cas : Création d'une newsletter en TRACE

La newsletter est un canal de communication puissant. Elle permet de **nourrir la relation avec une audience**, de **partager du contenu à forte valeur ajoutée**, de **générer des ventes**, ou tout simplement de **créer de la récurrence dans la visibilité de ta marque**. Mais pour être efficace, une newsletter ne peut pas être rédigée à la va-vite. Elle doit être bien ciblée, bien rédigée, bien structurée. Et c'est justement ici que l'IA, bien utilisée, peut devenir un *véritable bras droit éditorial*.

Dans cette étude de cas, nous allons voir *comment créer une newsletter percutante* grâce au framework TRACE, étape par étape. Tu verras comment transformer une idée floue en un prompt puissant et obtenir un contenu quasi prêt à être envoyé.

Contexte du cas :

Imaginons que tu es un coach en productivité. Tu as une mailing list de 1 500 abonnés, principalement composée de freelances, jeunes entrepreneurs et cadres en reconversion. Tu souhaites envoyer une newsletter hebdomadaire inspirante et utile, avec du contenu pratique, des réflexions engageantes et un appel à l'action discret vers ton offre de coaching.

Ton idée de départ est :

"J'aimerais écrire une newsletter sur l'importance de mieux gérer son énergie plutôt que son temps."

Très bonne idée. Mais ce prompt est trop vague. Utilisons TRACE pour cadrer la demande.

Étape 1 – T pour Tâche : Définir la mission

La première chose est d'indiquer à l'IA **ce que tu veux qu'elle fasse**.

Tâche : *Rédige une newsletter professionnelle.*

Sois clair. Tu veux un contenu destiné à être envoyé par email, donc le style et la structure doivent s'y prêter : une accroche forte, une partie informative, un ton engageant et un message clair.

Étape 2 – R pour Request : Préciser la demande

Ici, tu **définis les paramètres précis du contenu** que tu veux obtenir. On parle ici du ton, de la structure, du niveau de langage, du format, du style...

Request :

Je veux une newsletter de 400 à 500 mots, avec une structure simple :

- *Une introduction accrocheuse qui parle à la réalité des indépendants.*
- *Un développement en 2 ou 3 paragraphes sur pourquoi gérer son énergie est plus efficace que gérer son temps.*

- *Une conclusion engageante, avec une phrase qui donne envie de répondre ou d'aller plus loin.*
- *Le ton doit être humain, motivant, direct mais bienveillant. Pas de jargon, pas de langage trop marketing.*

Tu montres ici à l'IA ce que tu attends : **un contenu éditorial**, pas un discours commercial, avec une **structure narrative adaptée à la lecture d'un email**.

Étape 3 – A pour Action : Indiquer la méthode à suivre

L'IA doit savoir **comment dérouler sa réponse**. C'est ici que tu indiques une **logique de traitement**, un **ordre de présentation**, ou **une forme particulière**.

Action :

Suis cette structure :

1. *Accroche (1 à 2 phrases)*
2. *Message principal développé en 3 points :*

- *Pourquoi "gérer son énergie" est plus durable que "gérer son temps".*
- *Exemples concrets de situations quotidiennes.*
- *2 conseils pratiques applicables dès aujourd'hui.*

3. *Conclusion qui invite à la réflexion ou à l'action (sans vendre directement).*

Cette action précise **l'organisation logique du contenu**, ce qui permet à l'IA de produire un texte fluide, cohérent et rythmé.

Étape 4 – C pour Contexte : Fournir la situation réelle

C'est ici que tu expliques **pourquoi tu fais cette demande**, **à qui tu t'adresses**, et **dans quelle situation** le contenu sera utilisé.

Contexte :

Je suis coach en productivité. J'aide les freelances, les entrepreneurs et les cadres en reconversion à mieux gérer leur énergie et leur attention. J'ai une newsletter hebdomadaire que j'envoie le jeudi matin. Les lecteurs sont souvent débordés, fatigués, et cherchent des méthodes simples pour rester performants sans se brûler. Cette newsletter est un moyen de rester présent dans leur esprit tout en leur offrant de la valeur gratuite.

Grâce à ce contexte, l'IA va mieux adapter le **ton**, le **niveau de langage**, le **type d'exemples**... et surtout répondre à la réalité vécue par ton audience.

Étape 5 – E pour Exemple : Donner une référence ou une inspiration

Un exemple, même partiel, permet à l'IA de calibrer son style. Tu peux lui montrer un ancien email que tu as aimé, un extrait inspirant, ou même une simple phrase-type.

Exemple :

J'aime les accroches comme : "Et si le problème, ce n'était pas ton emploi du temps... mais ton niveau d'énergie au réveil ?" Ou les formules de clôture comme : "Si tu t'es reconnu, réponds-moi. Je lis toujours tous les messages."

Cela permet à l'IA de comprendre le ton émotionnel que tu recherches, et de produire un texte plus naturel, plus humain, moins robotique.

Prompt complet selon TRACE :

Tu es un expert en rédaction de newsletters inspirantes à destination de freelances et jeunes entrepreneurs.

Je suis coach en productivité et j'envoie une newsletter hebdomadaire à mon audience composée d'indépendants souvent débordés. Je veux une édition sur le thème suivant : "gérer son énergie plutôt que son temps."

Rédige une newsletter de 400 à 500 mots avec cette structure :

- *Accroche forte (1 à 2 phrases)*
- *3 paragraphes de développement : pourquoi c'est plus efficace, exemples concrets, 2 conseils pratiques*
- *Une conclusion qui donne envie de réfléchir ou de répondre*
- *Le ton doit être motivant, simple, sans jargon ni posture "expert".*

Voici le type d'accroche que j'aime : "Et si le problème, ce n'était pas ton emploi du temps... mais ton niveau d'énergie au réveil ?"

Et de conclus-ion : "Si tu t'es reconnu, réponds-moi. Je lis tous les messages."

Résultat que tu peux espérer obtenir :

Avec ce prompt TRACE bien structuré, tu obtiens :

- Un **texte fluide et engageant**, parfaitement calibré pour une newsletter.
- Un **contenu adapté à ton audience**, à la fois empathique et pratique.
- Un **message qui crée du lien, inspire confiance, et positionne ton expertise sans forcer la vente**.
- Un livrable que tu peux **utiliser tel quel**, ou légèrement adapter en fonction de ton style personnel.

Bonus : Réutiliser ce modèle pour d'autres newsletters

Tu peux conserver ce prompt TRACE comme modèle, et simplement remplacer

- **Le thème du jour**,
- **L'angle de développement**,
- Ou **l'appel à l'action final**.

Ainsi, tu construis une bibliothèque de prompts TRACE pour produire régulièrement des newsletters de qualité, sans perdre de temps, sans stress, et toujours avec un haut niveau d'impact.

Cette étude de cas montre que la méthode TRACE n'est pas seulement théorique — elle est **pratique, duplicable et puissante**. En l'utilisant pour créer une newsletter :

- Tu gagnes en clarté dans ta demande.
- Tu obtiens un contenu ciblé et engageant.
- Tu développes un système réplicable pour publier régulièrement sans t'épuiser.

Et c'est précisément ça, le cœur du travail intelligent avec l'IA : *ne plus écrire dans le flou, mais penser avec méthode, guider avec précision, et déléguer avec efficacité.*

EXERCICE GUIDÉ : APPRENDS À FORMULER UN PROMPT TRACE COMME UN PRO

L'objectif de cet exercice est de t'accompagner *étape par étape* dans la création d'un prompt structuré à l'aide du framework TRACE. Cet entraînement est idéal si tu débutes, ou même si tu as déjà utilisé l'IA mais que tu veux *rendre tes prompts plus efficaces, plus précis et plus productifs*.

Ici, tu ne vas pas seulement "lire" le modèle TRACE : tu vas **le pratiquer**, pour que cette méthode devienne un réflexe naturel chaque fois que tu veux déléguer une tâche à l'IA.

Contexte de l'exercice

Tu es **formateur ou formatrice en communication digitale**, et tu dois préparer un contenu pédagogique pour tes apprenants. Tu souhaites créer un **mini-guide pratique** sur un sujet simple mais utile : "*Comment rédiger un bon post Instagram professionnel*".

Plutôt que d'écrire toi-même ce guide de A à Z, tu veux déléguer cette tâche à une IA comme ChatGPT. Pour que le résultat soit pertinent, tu vas **formuler ton prompt à l'aide de TRACE**.

Étape 1 : T pour Tâche

Question à te poser : **Quelle est l'action principale que je veux que l'IA exécute ?**

Tu veux que l'IA rédige un mini-guide pédagogique.

Formulation : *Rédige un guide simple et pratique à destination de débutants.*

Étape 2 : R pour Request

Question à te poser : **Quel format, quel style, quel ton, quel niveau de détail ou de langage je souhaite obtenir ?**

Tu veux un contenu court, pédagogique, clair, et adapté à des apprenants.

Formulation :

Le guide doit faire environ 400 mots. Il doit être divisé en 4 parties : introduction, bonnes pratiques, erreurs à éviter, conclusion. Le ton doit être clair, motivant, et accessible à des jeunes adultes ou des professionnels en reconversion.

Étape 3 : A pour Action

Question à te poser : **Comment l'IA doit-elle structurer la réponse ? Quelles étapes ou consignes spécifiques dois-je indiquer ?**

Formulation :

Commence par une accroche qui interpelle. Liste 5 bonnes pratiques à suivre pour rédiger un post Instagram professionnel. Ensuite, liste 3 erreurs fréquentes à éviter. Termine par une phrase qui résume l'essentiel et encourage à tester ces conseils dès aujourd'hui.

Formulation :

Le guide doit faire environ 400 mots. Il doit être divisé en 4 parties : introduction, bonnes pratiques, erreurs à éviter, conclusion. Le ton doit être clair, motivant, et accessible à des jeunes adultes ou des professionnels en reconversion.

Étape 3 : A pour Action

Question à te poser : ***Comment l'IA doit-elle structurer la réponse ? Quelles étapes ou consignes spécifiques dois-je indiquer ?***

Formulation :

Commence par une accroche qui interpelle. Liste 5 bonnes pratiques à suivre pour rédiger un post Instagram professionnel. Ensuite, liste 3 erreurs fréquentes à éviter. Termine par une phrase qui résume l'essentiel et encourage à tester ces conseils dès aujourd'hui.

Étape 4 : C pour Contexte

Question à te poser : ***Qui suis-je ? À qui s'adresse le contenu ? Quel est l'objectif du livrable ?***

Formulation :

Je suis formateur en communication digitale. Ce contenu est destiné à des personnes en formation ou en reconversion qui découvrent Instagram comme outil professionnel. Je veux les aider à structurer leurs premières publications et à éviter les pièges classiques. Ce guide sera partagé dans mon support de formation.

Étape 5 : E pour Exemple

Question à te poser : ***Est-ce que je peux donner un exemple de style ou de contenu attendu ?***

Formulation :

Voici un exemple de phrase que j'apprécie : "Publier pour publier ne sert à rien. Ce qui compte, c'est d'apporter une valeur, même en 3 lignes." J'aimerais que le style du guide reste dans cet esprit : simple, direct, utile.

Prompt final TRACE

Voici comment assembler les éléments précédents pour formuler ton prompt final, prêt à être envoyé à une IA :

Tu es un expert en communication digitale spécialisé dans la pédagogie. Rédige un mini-guide d'environ 400 mots destiné à des apprenants débutants ou en reconversion. Le guide doit expliquer comment rédiger un bon post Instagram professionnel.

Structure le contenu en 4 parties :

1. *Introduction avec une accroche percutante*
2. *Liste de 5 bonnes pratiques*
3. *Liste de 3 erreurs fréquentes à éviter*
4. *Conclusion motivante avec une phrase qui pousse à l'action*

Le ton doit être clair, motivant, sans jargon, et facilement compréhensible pour des jeunes adultes.

Contexte : je suis formateur et ce contenu sera partagé dans un support de formation sur les réseaux sociaux.

Exemple de style apprécié : "Publier pour publier ne sert à rien. Ce qui compte, c'est d'apporter une valeur, même en 3 lignes."

Objectif de l'exercice

Avec ce prompt TRACE, tu obtiens :

- Un contenu bien structuré
- Une réponse cohérente avec ton public
- Un ton adapté à la pédagogie
- Un livrable exploitable sans retravail majeur

Variante : Personnalise cet exercice

Tu peux répéter cet exercice en remplaçant :

- Le sujet (ex : "Comment créer une bannière LinkedIn professionnelle")
- Le format (ex : "Fiche mémo de 10 lignes" ou "Script pour vidéo explicative")
- Le public (ex : "entrepreneurs", "étudiants", "formateurs"...)

Ce premier exercice guidé t'a montré que :

- Le framework TRACE t'aide à penser avant d'écrire.
- Il t'oblige à **clarifier ton besoin**, ce qui améliore instantanément les résultats obtenus.
- Il est **flexible** et **réutilisable** pour tout type de contenu pédagogique, marketing ou professionnel.

Tu viens de poser les bases d'une **collaboration efficace entre toi et l'IA.** Plus tu t'entraîneras avec TRACE, plus ce modèle deviendra un réflexe dans ta manière de formuler tes demandes.

CHAPITRE 4
Framework ERA

Dans un monde où les décisions doivent se prendre rapidement, où l'information est dense et parfois confuse, et où la productivité est devenue une priorité absolue, il devient indispensable d'avoir à sa disposition des méthodes simples, rapides et efficaces pour **communiquer clairement avec l'intelligence artificielle**. C'est exactement la promesse du framework ERA.

ERA est un acronyme qui signifie :

- **Expectation** (Ce que tu veux obtenir)
- **Rôle** (Quel rôle l'IA doit jouer)
- **Action** (Quelle action elle doit exécuter)

C'est l'un des frameworks les plus directs, les plus **accessibles** et les plus **puissants** pour formuler un prompt, en particulier lorsque tu es pressé par le temps ou que la tâche est relativement ciblée. Il va **droit au but**, sans sacrifier la qualité de la réponse. En quelques lignes bien structurées, tu guides l'IA pour qu'elle te fournisse un résultat clair, précis, et exploitable.

Quand utiliser ERA ?

Le framework ERA est idéal lorsque :

- Tu veux *obtenir une réponse rapide et bien ciblée*.
- Tu ne veux pas (ou ne peux pas) formuler un long prompt.

- Tu travailles sur une **tâche spécifique, avec un objectif clair**.
- Tu veux **gagner du temps** sans sacrifier la pertinence.

ERA est donc l'outil du quotidien pour toutes celles et ceux qui utilisent l'IA dans leur travail : managers, rédacteurs, marketeurs, freelances, étudiants, consultants, communicants… Que tu veuilles obtenir une synthèse, une recommandation, un plan d'action ou une analyse, ERA te permet d'aller à l'essentiel tout en gardant une logique structurée.

1. E pour Expectation

C'est la première étape, et l'une des plus importantes : **définir précisément ce que tu attends**.

L'erreur que font beaucoup de débutants est de poser des questions vagues, comme :

"Peux-tu m'aider ?"

"Fais une analyse."

"Dis-m'en plus sur ce sujet."

Ces demandes laissent l'IA dans le flou. En formulant une Expectation claire, tu annonces le **format de sortie attendu**, l'objectif de la demande, ou encore la manière dont tu utiliseras la réponse.

Exemples d'Expectations :
- *Je veux un résumé en 5 points clés.*
- *Je souhaite une analyse critique du texte suivant.*
- *Je cherche 3 idées d'accroche pour une publicité.*
- *J'ai besoin d'un tableau comparatif clair et synthétique.*
- *Fournis-moi un plan d'action en 3 étapes.*

L'Expectation est la **destination finale** de ta demande. Elle permet à l'IA de savoir exactement **ce que tu veux obtenir comme livrable**.

2. R pour Rôle

Une IA est capable de simuler une infinité de rôles professionnels : consultant, journaliste, enseignant, expert juridique, conseiller RH, storyteller, data analyst… Mais **elle ne peut adopter ce rôle que si tu lui dis clairement**. Spécifier le **rôle que tu veux qu'elle joue**, c'est comme **donner à ton interlocuteur une casquette mentale**. Cela va influencer le ton, le style, le vocabulaire et le niveau d'expertise utilisé dans la réponse.

Exemples de rôles :

- *Tu es un recruteur expérimenté.*
- *Agis comme un chef de projet dans une startup SaaS.*
- *Tu es un expert en communication de crise.*
- *Tu es un copywriter spécialisé en e-commerce.*
- *Imagine que tu es un professeur qui vulgarise ce sujet à des lycéens.*

Le rôle détermine l'**angle de traitement**, et donc **la pertinence de la réponse**. Sans rôle, l'IA reste neutre. Avec un rôle, elle entre dans ton jeu, dans ta logique métier.

3. A pour Action

Enfin, tu dois demander à l'IA **ce qu'elle doit faire concrètement**. L'action est l'instruction précise : rédiger, synthétiser, comparer, conseiller, structurer, corriger, traduire, expliquer… Il ne s'agit pas ici d'être vague, mais d'utiliser un **verbe fort et clair**, suivi éventuellement de quelques précisions sur la manière d'exécuter la tâche.

Exemples d'actions :

- *Analyse les points faibles de ce pitch.*
- *Compare ces deux options en soulignant les avantages et les risques.*

- *Réécris ce texte avec un ton plus engageant.*
- *Explique ce concept avec un exemple simple.*
- *Corrige cette présentation pour qu'elle soit plus percutante.*

L'action est le **moteur de la réponse**. Elle traduit ton intention en travail concret.

Pourquoi ERA est un outil rapide et puissant

- **Simplicité** : Il repose sur 3 éléments faciles à mémoriser.
- **Clarté** : Il élimine l'ambiguïté dans ta demande.
- **Gain de temps** : Tu obtiens une réponse pertinente en une seule tentative.
- **Polyvalence** : Tu peux l'utiliser dans presque tous les contextes : marketing, RH, formation, communication, stratégie, rédaction…
- **Effet immédiat** : Tu formules, tu envoies, tu obtiens un résultat exploitable tout de suite.

Il est parfait pour les situations où tu n'as pas besoin d'un prompt long et détaillé comme avec TRACE ou ROSES, mais où tu veux éviter le piège du prompt trop court et inefficace. ERA est le juste milieu entre rapidité et précision.

Exemple simple avec ERA :

Expectation : *Je veux une synthèse claire en 5 points clés.*

Rôle : *Tu es un coach professionnel spécialisé en gestion du temps.*

Action : *Résume ce texte sur les erreurs courantes en productivité.*

Résultat attendu : l'IA va te livrer une liste de 5 idées synthétiques, avec un angle professionnel adapté au coaching en productivité.

ERA est un framework minimaliste mais stratégique, qui permet de transformer une demande basique en instruction claire, ciblée et intelligente.

Il est parfait pour :

- Les **tâches quotidiennes**,
- Les demandes à **exécution rapide**,
- Les utilisateurs qui veulent **optimiser leur prompt sans perdre de temps**.

Avec ERA, tu apprends à **formuler juste et efficace**. Ce n'est pas une méthode "avancée" au sens technique, mais elle t'apprend à **penser comme un stra-tège**, même sur les demandes les plus simples.

BON POUR LES ANALYSES ET SYNTHÈSES

Bon pour les analyses et synthèses

L'un des grands avantages de l'intelligence artificielle, c'est sa capacité à **traiter un grand volume d'informations en peu de temps**, à en extraire des idées-clés, à identifier des tendances ou à formuler des observations structurées. Autrement dit, l'IA est particulièrement performante pour **analyser et synthétiser**.

Cependant, sans instruction précise, ces fonctions peuvent rapidement devenir **trop générales**, **trop longues**, ou **mal ciblées**. C'est ici que le framework ERA devient extrêmement utile. Grâce à sa structure simple (Expectation – Rôle – Action), il permet de formuler une demande claire, concise et directement exploitable pour **obtenir des analyses pertinentes ou des synthèses efficaces**.

Pourquoi ERA est idéal pour les analyses

Faire une analyse, ce n'est pas juste "résumer" ou "lister". C'est interpréter, structurer, évaluer et parfois recommander. Pour que l'IA te fournisse une bonne analyse, elle doit :

- Comprendre ce que **tu veux évaluer**,
- Savoir **selon quel prisme** elle doit lire les informations,
- Adopter **la posture adéquate** (consultant, analyste, expert métier...),
- Et te fournir une réponse **structurée avec des insights concrets**.

Le framework ERA te permet de faire ça en trois lignes. Exemple de prompt pour une analyse stratégique :

Expectation : *Je souhaite une analyse des points forts et des faiblesses de cette stratégie.*

Rôle : *Tu es un expert en stratégie marketing digital.*

Action : *Étudie ce plan d'action, souligne les bonnes idées, les risques potentiels, et propose deux pistes d'amélioration.*

Avec un prompt comme celui-là, l'IA ne se contente pas de te résumer ton document : elle **le critique avec méthode, structure son analyse, met en évidence des points clés, et te propose des solutions concrètes**.

Pourquoi ERA est également excellent pour les synthèses

La **synthèse** est un exercice courant mais exigeant. Elle consiste à :

- Extraire **l'essentiel** d'un contenu plus long,
- **Reformuler** avec clarté,
- **Respecter l'intention** de départ,
- Et **adapter la forme** au canal ou à l'usage final (mail, présentation, fiche mémo...).

Le problème ?

Une synthèse mal guidée est souvent trop floue ou trop verbeuse. Le framework ERA te permet de cadrer ce que tu **veux synthétiser, à qui tu veux t'adresser, et comment la réponse doit être livrée**.

Exemple de prompt pour une synthèse utile :
Expectation : *Je veux un résumé clair en 5 points clés.*
Rôle : *Tu es un coach en communication qui sait vulgariser pour un public non expert.*
Action : *Résume ce document de 10 pages sur la gestion des conflits au travail, en extrayant les idées principales et en évitant les termes techniques.*

Grâce à cette formulation, l'IA sait :
- Qu'il faut faire **court et structuré** (5 points),
- Qu'elle doit **vulgariser** (langage accessible),
- Et qu'elle doit se concentrer sur **les idées principales**, pas les détails secondaires.

Le résultat ? Une **synthèse lisible, efficace, exploitable immédiatement**, que tu peux intégrer à un support, partager par email, ou utiliser comme base de discussion.

Synthèse VS Analyse : deux usages, deux nuances

Type	Objectif	Approche avec ERA
Synthèse	Extraire l'essentiel et reformuler simplement	Formule une *Expectation* claire sur le format (nombre de points, ton, longueur), donne un *Rôle* adapté (vulgarisateur, enseignant, communicant...) et une *Action* précise (résume, reformule, simplifie).
Analyse	Interpréter, évaluer, structurer	Formule une *Expectation* d'analyse détaillée ou critique, choisis un *Rôle* expert (analyste, stratège, consultant...), et demande une *Action* structurée (analyse, compare, propose...).

Cas concrets où ERA brille

1. Synthèse de réunion

Expectation : *Résume les décisions prises lors de cette réunion.*

Rôle : *Tu es un assistant de direction expérimenté.*

Action : *Dresse une synthèse claire, en listant les points abordés et les actions à suivre.*

Résultat : un compte-rendu propre, synthétique, actionnable.

2. Analyse de feedback client

Expectation : *Je veux une analyse des retours clients pour en dégager des tendances.*

Rôle : *Tu es un analyste en expérience utilisateur.*

Action : *Regroupe les retours par thème, identifie les points de satisfaction et les points de frustration récurrents.*

Résultat : une vue structurée des priorités à améliorer.

Cas concrets où ERA brille

3. Synthèse de veille concurrentielle

Expectation : *Résume les forces et faiblesses de trois concurrents.*

Rôle : *Tu es un consultant en stratégie digitale.*

Action : *Présente l'analyse sous forme de tableau comparatif avec 4 critères : visibilité, positionnement, offre, engagement.*

Résultat : un livrable professionnel utilisable pour une réunion ou une présentation.

Le framework ERA est un **levier de puissance et de vitesse** pour toutes les tâches d'analyse ou de synthèse. Il te permet de :

- Structurer ta demande en **moins de 3 lignes**,
- **Cibler finement** le type de réponse attendue,
- Obtenir un résultat **immédiatement exploitable**, sans perdre de temps à retravailler ou reformuler.

Il est parfait pour :

- Résumer des documents longs sans effort,
- Produire des comptes-rendus professionnels,
- Analyser des stratégies, des discours, des retours clients,
- Et plus largement, **prendre de meilleures décisions plus vite**.

MINI-ATELIER : CRÉER UNE FICHE DE LECTURE AVEC ERA

Créer une **fiche de lecture** est un exercice particulièrement utile, que ce soit pour les étudiants, les formateurs, les coachs ou les professionnels qui consomment beaucoup de contenu (livres, rapports, articles, podcasts...). Cela permet de garder une trace des idées fortes, de synthétiser rapidement une œuvre ou un contenu long, et d'en extraire l'essentiel pour soi ou pour ses lecteurs/apprenants.

Mais soyons honnêtes : faire une fiche de lecture demande du temps, de la concentration, et parfois un vrai effort de synthèse. Grâce à l'intelligence artificielle — et au framework ERA — cette tâche peut devenir *rapide, efficace et de grande qualité*, à condition de bien formuler ta demande.

Ce mini atelier t'apprend à le faire pas à pas, en t'aidant du modèle ERA (Expectation – Rôle – Action). C'est un *exercice reproductible* que tu peux adap-ter à n'importe quel contenu écrit ou audio.

Objectif de l'atelier :

Utiliser l'IA pour produire une fiche de lecture claire, synthétique et structurée à partir d'un contenu donné (livre, article, PDF ou même transcription de vidéo). Cette fiche doit pouvoir être relue en moins de 2 minutes et contenir *les éléments essentiels du texte, avec une forme standardisée*.

Étape 1 – Définir le contenu de départ

Supposons que tu viens de lire le livre "**Deep Work**" de **Cal Newport**, et tu veux obtenir une fiche de lecture synthétique pour :
- garder les idées-clés,

- les transmettre à ton équipe ou à tes élèves,
- ou les relire plus tard pour rafraîchir ta mémoire.

Tu vas donc formuler un prompt ERA à destination de l'IA.

Étape 2 – Construire ton prompt avec ERA

E – Expectation : Ce que tu veux obtenir

Commence par formuler clairement le livrable attendu.

Exemple :

Je souhaite une fiche de lecture synthétique de ce livre, en 6 parties : titre, auteur, thèse principale, 3 idées clés, 1 citation forte, conclusion utile ou morale de l'ouvrage.

R – Rôle : Le personnage ou l'expert que doit incarner l'IA

Donne un rôle spécifique à l'IA pour qu'elle adopte le ton, la profondeur et le niveau d'analyse approprié.

Exemple :

Tu es un professeur de développement personnel habitué à créer des fiches de lecture courtes, pédagogiques et impactantes pour tes étudiants.

A – Action : Ce que l'IA doit faire concrètement

Explique comment tu veux que la fiche soit structurée, et ce que l'IA doit éviter ou intégrer.

Exemple :

Lis le contenu ci-dessous (ou utilise ta base de connaissances sur ce livre) pour rédiger une fiche de lecture. Organise-la clairement avec des titres en gras, sans paragraphes trop longs. Le style doit être fluide, professionnel et synthétique. Pas de digressions. L'objectif est que le lecteur puisse comprendre le cœur du livre en moins de 2 minutes.

Prompt final ERA (à copier/coller) :

> *Tu es un professeur de développement personnel habitué à créer des fiches de lecture pédagogiques.*
>
> *Je souhaite une fiche de lecture synthétique du livre "Deep Work" de Cal Newport, en 6 parties :*
>
> - *Titre du livre*
> - *Auteur*
> - *Thèse principale*
> - *Trois idées clés*
> - *Une citation marquante*
> - *Une conclusion ou morale*
>
> *Présente la fiche avec des titres clairs. Pas de blabla, pas de paragraphe inutile. L'objectif est de pouvoir lire cette fiche en 2 minutes. Le style doit être professionnel, fluide, accessible, sans jargon.*

Ce que tu obtiens avec ce prompt :

Une fiche de lecture claire, structurée, lisible, contenant :

- Une **vue d'ensemble du livre**,
- Les **idées essentielles** sans te replonger dans 300 pages,
- Une **citation inspirante** que tu peux partager ou commenter,
- Une **conclusion utile**, directement réutilisable dans un post LinkedIn, une formation, un email, une réunion, etc.

Tu peux répéter cet exercice avec :

- un article de presse,
- un rapport PDF de 50 pages,
- une transcription d'interview,
- un épisode de podcast,
- ou une vidéo YouTube transcrite.

Exemple de reformulation avec un article :

Tu es un rédacteur en chef spécialisé dans l'économie.

Je souhaite une fiche de lecture de cet article [lien ou texte collé], en 5 parties : titre, sujet traité, problématique, points essentiels (x3), conclusion ou enseignement.

Présente le tout dans un format court, lisible et prêt à partager à mon équipe en interne.

Pourquoi cet atelier est puissant :

- Tu peux créer une **bibliothèque de fiches de lecture IA** pour tous les contenus que tu consommes.
- Tu **gagnes un temps précieux** (l'IA résume pour toi en quelques secondes).
- Tu **retiens mieux** les grandes idées car tu les relis dans une forme synthétique et structurée.
- Tu peux **transmettre facilement** ces fiches à des collègues, élèves, clients, ou les intégrer à tes formations et supports de communication.

Le framework ERA est parfait pour créer des fiches de lecture rapides, bien organisées, et prêtes à l'usage. Ce mini atelier t'a montré comment :

- Formuler une demande claire avec une attente bien définie,
- Choisir un rôle pertinent pour que le ton et la forme soient cohérents,
- Donner une action simple et structurée à l'IA.

Tu peux maintenant adapter cette méthode à tous les contenus que tu veux synthétiser.

Plus besoin de relire tout un livre ou un rapport : ta fiche ERA est là, prête à l'emploi.

CHAPITRE 5
Framework CARE

Dans le monde professionnel, deux domaines nécessitent une attention particulière, une vision claire et une formulation impeccable : la communication et **la stratégie**. Que ce soit pour définir une ligne éditoriale, rédiger un message percutant, élaborer une campagne marketing ou préparer une prise de parole, il est essentiel d'être à la fois *précis, cohérent et impactant*.

Et c'est exactement là que le framework CARE prend tout son sens.
CARE est un acronyme simple mais redoutablement efficace. Il signifie :

- *Contexte*
- *Action*
- *Résultat*
- *Exemple*

Ce modèle te permet de *formuler des prompts complets, orientés objectifs, adaptés aux enjeux humains, créatifs et décisionnels*. Contrairement à d'autres frameworks plus "techniques", CARE est pensé pour intégrer *l'intention stratégique, le ton émotionnel, et la clarté du message*. C'est donc l'outil idéal dès que tu travailles sur :

- une *stratégie de communication* (interne ou externe),
- un *message publicitaire ou promotionnel,*
- un *discours*, un *pitch* ou une *présentation stratégique,*

- un **plan d'action marketing**,
- une **ligne éditoriale**,
- ou tout projet où le **message doit produire un effet**.

Pourquoi CARE fonctionne si bien pour la communication

La communication, qu'elle soit verbale ou écrite, repose sur **la clarté du message, l'adaptation au public cible, le choix du bon ton, et la cohérence avec les objectifs poursuivis**. Une mauvaise communication peut :

- brouiller les intentions,
- générer de l'incompréhension ou de l'indifférence,
- et nuire à la crédibilité d'un projet ou d'une marque.

Le modèle CARE t'évite ces écueils. Il te pousse à :

- Poser le **contexte exact** dans lequel le message s'inscrit,
- Définir **ce que tu veux que l'IA produise comme contenu ou action**,
- Préciser le r**ésultat attendu** (effet sur le public, type de message, canal...),
- Et même **montrer un exemple** pour caler le ton, le style ou la structure.

C'est un modèle particulièrement fluide pour tous les besoins où le fond et la forme doivent parfaitement cohabiter.

Exemple de communication éditoriale avec CARE :

Supposons que tu veux demander à l'IA de t'aider à écrire un post LinkedIn pour partager ton nouveau projet entrepreneurial.

Prompt classique (trop vague) :

Aide-moi à écrire un post LinkedIn pour parler de mon projet.

Résultat probable : un texte générique, sans âme, trop neutre pour capter l'attention.

Prompt structuré avec CARE :

- **Contexte** : Je viens de lancer ma propre entreprise de coaching pour cadres en reconversion. Mon audience est composée de professionnels de 35 à 50 ans, souvent sur LinkedIn, qui réfléchissent à changer de carrière.
- **Action** : Rédige un post LinkedIn authentique qui annonce le lancement de mon activité, sans tomber dans le ton commercial. Je veux que ce soit personnel, sincère et engageant.
- **Résultat** : Je veux que les gens comprennent pourquoi j'ai fait ce choix et qu'ils aient envie de me suivre dans cette nouvelle aventure.
- **Exemple** : J'aime les posts qui commencent par une phrase percutante et finissent par une question ouverte, comme : "Et vous, avez-vous déjà ressenti ce besoin de tout recommencer à zéro ?"

Résultat : un post humain, cohérent, aligné avec ta cible et tes objectifs. Tu gagnes en crédibilité, en visibilité, et surtout en pertinence narrative.

Pourquoi CARE est aussi excellent pour la stratégie ?

La stratégie, ce n'est pas juste "avoir un plan" : c'est faire les **bons choix au bon moment, pour les bonnes raisons**. Cela implique de :
- comprendre un environnement (marché, audience, positionnement),
- fixer des objectifs clairs,
- concevoir des actions cohérentes,
- anticiper les résultats attendus,
- et souvent convaincre d'autres personnes (collaborateurs, clients, partenaires…).

Le framework CARE te permet de formuler une demande stratégique à l'IA qui ne soit pas juste opérationnelle, mais r**éfléchie, contextualisée et orientée impact**.

Exemple : Élaborer un plan de communication stratégique

Tu veux que l'IA t'aide à définir un plan de com pour une ONG qui lance une campagne de sensibilisation.

Prompt avec CARE :

- **Contexte** : *Je travaille pour une ONG qui lutte contre la précarité énergétique. Nous lançons une campagne nationale pour sensibiliser le public à l'impact de l'hiver sur les familles modestes. Nos canaux sont : TV, affichage, réseaux sociaux.*
- **Action** : *Propose un plan de communication sur 3 mois avec les grands axes de message, les temps forts et des idées de contenu adaptées à chaque canal.*
- **Résultat** : *Je veux une stratégie qui soit à la fois émotionnelle et factuelle, et qui suscite la mobilisation (dons, relais, partages).*
- **Exemple** : *J'aime les campagnes comme celle de la Fondation Abbé Pierre : visuellement fortes, émotionnellement marquantes, mais basées sur des faits concrets.*

Ce prompt CARE permet à l'IA de te livrer un plan stratégique cohérent, bien structuré, directement exploitable.

Le framework CARE est *ta meilleure option dès que tu travailles* sur :

- Un *message à forte portée émotionnelle ou stratégique*
- Une *stratégie de communication ou marketing*
- Un *contenu sensible* (campagne de sensibilisation, message d'entreprise, repositionnement)
- Une *présentation qui doit convaincre*
- Ou toute situation où *la qualité du message conditionne le succès du projet*.

En utilisant CARE, tu :

- Clarifies le **cadre** et les **enjeux** de ta demande,
- Encadres le **style**, le **ton** et la **posture** attendus,
- Orientes l'IA vers un **résultat aligné avec ton intention réelle**,
- Et tu gagnes un temps précieux sur la reformulation.

EXEMPLE : DEMANDER UN PLAN DE CONTENU À L'IA AVEC CARE

Créer un *plan de contenu* cohérent, stratégique et adapté à son audience est une tâche cruciale pour toute personne ou organisation qui souhaite bâtir une *présence solide en ligne*, que ce soit sur les réseaux sociaux, un blog, une newsletter ou une plateforme professionnelle. Mais cela demande du temps, de l'inspiration, de la structure, et une vision claire de ses objectifs.

Créer un *plan de contenu* cohérent, stratégique et adapté à son audience est une tâche cruciale pour toute personne ou organisation qui souhaite bâtir une *présence solide en ligne*, que ce soit sur les réseaux sociaux, un blog, une newsletter ou une plateforme professionnelle.

Mais cela demande du temps, de l'inspiration, de la structure, et une vision claire de ses objectifs.

L'intelligence artificielle peut grandement **accélérer et simplifier** ce processus — à condition que tu saches formuler ta demande de manière complète et précise. C'est là que le framework CARE entre en scène : il t'aide à formuler un **prompt structuré et orienté stratégie**, pour que l'IA comprenne **quoi faire, pourquoi, pour qui, et dans quelle tonalité**.

Voici un exemple complet d'utilisation de CARE pour obtenir un plan de contenu mensuel de qualité, conçu pour une marque ou un projet personnel.

Situation de départ

Tu es **coach en développement personnel**, et tu veux développer ta visibilité sur **Instagram** et **LinkedIn**, avec du contenu qui :

- **attire l'attention** de ton audience cible (cadres en reconversion, freelances, jeunes actifs),
- **transmet tes valeurs** (clarté, courage, alignement),
- **met en avant ton expertise**,
- et **génère des prises de contact** pour du coaching individuel.

Tu pourrais simplement demander à l'IA :
"Fais-moi un plan de contenu."
Mais cette demande est trop vague. L'IA va te donner des idées génériques, sans lien réel avec ton public ou tes objectifs spécifiques. Utilisons plutôt le framework CARE pour construire un prompt beaucoup plus puissant.

Étape 1 – C pour Contexte

Le contexte permet à l'IA de **comprendre ta situation**, ton positionnement, ton audience et l'usage que tu veux faire du contenu.

Exemple :

Je suis coach en développement personnel depuis 2 ans. Ma spécialité est d'aider les cadres en perte de sens ou en transition de carrière à retrouver de la clarté et du courage pour changer de voie. Je souhaite développer une stratégie de contenu sur Instagram et LinkedIn. Mon objectif est de gagner en visibilité, de construire une communauté engagée et d'attirer de nouveaux clients en coaching individuel.

Ici, tu précises **qui tu es, ce que tu proposes, pour qui, et pourquoi tu veux publier du contenu.** Tu plantes le décor.

Étape 2 – A pour Action

C'est l'instruction claire que tu donnes à l'IA : **que doit-elle faire exactement ? Quelle structure suivre ? Quelle logique respecter ?**

Exemple :

Crée un plan de contenu pour un mois, à raison de 3 publications par semaine, réparties sur LinkedIn et Instagram. Pour chaque publication, indique le thème, le titre ou l'idée principale, le type de format (post texte, carrousel, vidéo, etc.), et l'objectif de la publication (informer, inspirer, inciter à l'action, créer de l'engagement...). Varie les angles et les tonalités pour que le contenu soit à la fois cohérent et vivant.

Cette action précise **le volume, le rythme, la forme du contenu et les attentes stratégiques.**

Étape 3 – R pour Résultat

Tu expliques ici *ce que tu veux obtenir* : un tableau ? une liste ? un planning éditorial clair ? L'IA doit savoir le format et le niveau de professionnalisme attendu.

Exemple :

Je veux un tableau clair avec 4 colonnes : Jour / Plateforme / Titre ou thème / Objectif du post. Je veux pouvoir l'utiliser comme base de mon calendrier éditorial. Le plan doit refléter mon positionnement sérieux, mais accessible et humain. Je veux que les publications soient adaptées à une audience de 28 à 45 ans, plutôt en reconversion professionnelle ou en quête de sens.

Tu indiques ici le *livrable attendu* et tu rappelles ton *positionnement de marque*.

Étape 4 – E pour Exemple

C'est le moment de donner une référence ou une inspiration, pour aider l'IA à ajuster le ton, le style ou la structure.

Exemple :

J'apprécie les contenus de David Laroche, Jenna Kutcher et de Clotilde Dusoulier. J'aime quand les publications commencent par une question ou une phrase choc, puis développent une idée inspirante ou pratique. Voici un exemple de post que j'ai aimé : "Et si tu arrêtais de chercher ta passion, et que tu commençais à créer de la clarté au lieu de la pression ?"

En partageant un exemple, tu donnes *une boussole stylistique* à l'IA. Cela évite d'avoir un ton trop froid, trop scolaire ou décalé par rapport à ta marque personnelle.

Prompt final CARE

Tu peux maintenant assembler tous ces éléments pour créer ton prompt final :

Tu es un expert en stratégie de contenu pour coachs indépendants.

Contexte *: Je suis coach en développement personnel. Je m'adresse principalement à des cadres, freelances et jeunes actifs qui traversent des périodes de transition. Mon objectif est de bâtir une présence forte sur LinkedIn et Instagram, en publiant 3 fois par semaine, pour développer ma notoriété et attirer des clients.*

Action *: Crée un plan de contenu mensuel (12 publications), en variant les thématiques (inspiration, storytelling personnel, conseils pratiques, mythes à déconstruire, appels à l'action...). Pour chaque post, indique :*

- *le jour,*
- *la plateforme (LinkedIn ou Instagram),*
- *le thème ou le titre du post,*
- *et l'objectif (informer, inspirer, vendre, créer de l'interaction...).*

Résultat *: Je veux un tableau clair à 4 colonnes, que je peux intégrer dans mon outil de planification. Les idées doivent être alignées avec mon positionnement (authenticité, clarté, reconversion) et compréhensibles par une audience de 28 à 45 ans.*

Exemple *: Je m'inspire de créateurs comme Jenna Kutcher ou Clotilde Dusoulier. Je préfère les contenus qui interpellent avec une question ou une phrase puissante. Exemple de post que j'ai aimé : "Arrête de vouloir être constant. Sois cohérent." Calque-toi sur ce style.*

Résultat attendu

Avec un prompt aussi structuré :

- L'IA va te produire un plan **cohérent, lisible et complet**.
- Les publications seront **alignées avec ton public cible**.
- Tu pourras les **programmer directement dans un outil de planification** (Notion, Trello, Excel, Buffer...).
- Tu gagneras du temps, tu resteras créatif, et tu auras une **stratégie de contenu claire pour 1 mois**.

Bonus : Réutiliser CARE pour d'autres cas de contenu

Tu peux décliner ce modèle pour :

- créer une **stratégie de contenu pour un lancement** (challenge, webinaire, formation…),
- bâtir une **série d'emails** pour une newsletter,
- concevoir un **plan de contenu pour une campagne publicitaire**,
- ou même rédiger **une série de scripts pour vidéos courtes** (Reels, TikToks, Shorts).

À chaque fois, il te suffit d'adapter les éléments du framework CARE à ton objectif.

Le framework CARE te permet de passer d'une idée floue à une demande structurée et stratégique.

Il est **parfait pour tout ce qui touche à la communication de marque**, car il oblige à clarifier :

- le **contexte réel** du message ou de la campagne,
- l'**action attendue** de l'IA,
- le **résultat précis** à produire,
- et le **style souhaité**, grâce à un exemple concret.

En l'utilisant pour créer un plan de contenu, tu t'offres **une vision claire et professionnelle**, sans avoir à tout faire toi-même.

Et surtout, tu transformes l'IA en **véritable alliée stratégique**, au service de ta voix, de ton audience et de ton message.

ATELIER : GÉNÉRER UNE CAMPAGNE SOCIAL MEDIA

Créer une **campagne social media efficace** ne se limite pas à enchaîner des posts au hasard. Il s'agit de concevoir une stratégie de communication cohérente, qui tient compte :

- des objectifs à atteindre (notoriété, engagement, conversion, fidélisation),
- de la cible à toucher (âge, intérêts, plateforme préférée, niveau de maturité),
- du message à faire passer (valeurs, offres, storytelling, CTA...),
- et du rythme à adopter (durée, formats, jours de publication, temps fort).

L'intelligence artificielle peut grandement **accélérer ce processus**, mais elle ne peut pas lire dans tes pensées. Pour qu'elle génère une **campagne social media complète, efficace et alignée sur ta vision**, tu dois formuler une demande structurée. C'est exactement ce que te permet le framework CARE (Contexte – Action – Résultat – Exemple).

Dans cet atelier, tu vas apprendre à formuler un prompt CARE pour obtenir une campagne clé en main sur Instagram et LinkedIn, que tu pourras ensuite adapter, programmer ou déléguer.

Objectif de l'atelier

Utiliser le framework CARE pour demander à l'IA de concevoir une campagne social media complète sur une période de 7 à 14 jours, avec des publications variées, un fil rouge cohérent et des formats adaptés aux plateformes cibles.

Cas pratique

Imaginons que tu es consultant(e) en finances personnelles et que tu veux lancer une campagne de sensibilisation sur Instagram et LinkedIn autour d'un thème : **« *L'argent ne fait pas le bonheur, mais le désordre financier crée du stress.* »**

Tu veux faire passer ce message sous plusieurs formes :

- Des conseils pratiques
- Des statistiques chocs
- Des mythes à déconstruire
- Des témoignages ou citations
- Des appels à l'action vers ton service de coaching ou ton guide gratuit

Tu veux une campagne de 10 jours, avec 1 publication par jour, répartie sur Instagram et LinkedIn.

Étape 1 – C pour Contexte

Formule :

Je suis consultant en finances personnelles. J'aide les salariés, freelances et jeunes familles à mieux gérer leur argent pour réduire leur stress au quotidien. J'interviens souvent auprès de personnes qui gagnent correctement leur vie, mais vivent avec une pression financière constante. Je souhaite créer une campagne social media de 10 jours pour sensibiliser à la gestion financière, démystifier certaines croyances, et inciter à passer à l'action via mon guide gratuit.

Ce contexte permet à l'IA de comprendre :

- Qui tu es
- À qui tu t'adresses
- Le **ton** et l'**angle** de ta campagne
- Et l'objectif global (information + conversion)

Étape 2 – A pour Action

Formule :

Crée une campagne de 10 publications, réparties sur Instagram et LinkedIn (1 par jour). Varie les formats (carrousel, post texte, visuel citation, mini-vidéo, sondage). **Pour chaque publication, indique :**

- le jour (Jour 1 à Jour 10)
- la plateforme principale
- le type de publication
- le thème du post
- le message clé à faire passer
- le call-to-action

Tu précises ici **ce que l'IA doit produire exactement** : pas juste des idées vagues, mais un planning éditorial structuré avec un message clair par publication.

Étape 3 – R pour Résultat

Formule :

Je veux un tableau structuré avec 6 colonnes : Jour / Plateforme / Type de post / Titre ou sujet / Message clé / Call-to-action. Le ton doit rester accessible, professionnel, rassurant et motivant. J'aimerais que le message général de la campagne soit : "Tu peux reprendre le contrôle, sans te priver, ni culpabiliser."

Ici, tu expliques à l'IA le livrable final que tu veux (le format), et l'esprit global à respecter.

Étape 4 – E pour Exemple

Formule :

J'aime les publications qui commencent par une accroche puissante ou une statistique étonnante, comme :

"87 % des Français pensent qu'ils ne gèrent pas bien leur argent. Et pourtant, personne ne leur a jamais appris comment faire."

Je préfère les campagnes qui éduquent avec bienveillance, sans juger. Mon objectif n'est pas de vendre directement, mais de créer la confiance.

Cet exemple permet à l'IA de s'adapter à ton style de communication et à l'expérience que tu veux offrir à ton audience.

Prompt final CARE

Tu peux maintenant assembler les éléments comme ceci :

Tu es un expert en stratégie social media pour les professionnels du développement personnel et des finances.

Contexte *: Je suis consultant en finances personnelles. Je m'adresse à une audience de salariés, freelances et jeunes familles qui veulent apprendre à mieux gérer leur argent. Je veux lancer une campagne social media de 10 jours pour sensibiliser aux conséquences du désordre financier et montrer que des solutions existent, sans culpabilité ni discours moralisateur.*

Action *: Génère un planning de 10 publications, une par jour, réparties entre Instagram et LinkedIn. Pour chaque post, indique :*

- *le jour (Jour 1 à 10)*
- *la plateforme*
- *le type de contenu (carrousel, post texte, sondage, citation, mini-vidéo)*
- *le sujet ou le titre*
- *le message clé à transmettre*
- *un call-to-action adapté (commenter, enregistrer, télécharger le guide gratuit...)*

Résultat *: Je veux un tableau clair à 6 colonnes. Le ton doit être accessible, professionnel, rassurant, motivant. Le message central : "Reprendre le contrôle de son argent, c'est retrouver de la liberté mentale."*

Exemple : J'aime les posts qui commencent par une accroche choc ou une statistique. Exemple : "3 personnes sur 4 se réveillent avec un stress financier... Et si on arrêtait de vivre en apnée financière ?" J'apprécie les messages qui responsabilisent sans juger.

Résultat attendu

Avec ce prompt CARE, l'IA va te livrer :

- Une **campagne complète sur 10 jours**,
- Des publications prêtes à être planifiées et adaptées à tes plateformes,
- Un contenu **varié, ciblé, aligné sur ton message de fond**,
- Un ton cohérent avec ton audience et ton positionnement.

Tu pourras ensuite :
- Ajuster quelques formulations si besoin,
- Ajouter tes visuels ou tes propres anecdotes,
- Et **programmer la campagne** dans ton outil de publication (Meta Business Suite, Buffer, Hootsuite, Notion, etc.).

Le framework CARE te permet de :
- Créer une **campagne cohérente de A à Z**, avec clarté et stratégie,
- Obtenir un **livrable structuré, prêt à l'usage**,
- Et surtout de **rester aligné avec ton message, ta cible et ton intention**.

Que tu sois formateur, consultant, entrepreneur, créateur de contenu ou community manager, cette méthode te permet de transformer une idée générale en une campagne engageante, ciblée, et hautement professionnelle, sans passer des heures à tout créer toi-même.

CHAPITRE 6
Framework ROSES

Parmi tous les frameworks de formulation de prompts que tu peux utiliser avec une intelligence artificielle, ROSES est sans doute l'un des plus *puissants et polyvalents*. Contrairement à des modèles plus rapides (comme ERA) ou plus orientés contenu (comme TRACE), *ROSES est conçu pour gérer la complexité*.

Cela en fait l'outil parfait dès que tu travailles sur un projet à plusieurs dimensions, où il ne s'agit pas simplement d'obtenir une information ou un texte, mais de *réfléchir, structurer, planifier et résoudre des problématiques multi-facteurs*.

Ce qu'on appelle un "scénario complexe"

Un scénario complexe, c'est une situation qui combine plusieurs variables, souvent interdépendantes, et qui demande :

- une *analyse approfondie*,
- une *compréhension du contexte métier ou stratégique*,
- une *proposition de solution réfléchie*,
- et parfois une *modélisation de plusieurs étapes ou options possibles*.

Exemples de scénarios complexes :

- Concevoir une *expérience utilisateur fluide* pour une app mobile,
- Définir une *stratégie de lancement* pour un nouveau produit ou service,

- Optimiser **un parcours client multicanal**,
- Résoudre une **problématique d'organisation ou de recrutement**,
- Imaginer un **scénario de formation hybride** pour différents profils,
- Planifier une **campagne d'impact** avec des contraintes de budget et de délais,
- Réfléchir à des **améliorations concrètes pour un service client**...

Tous ces cas nécessitent **plus qu'une simple réponse linéaire**. Tu dois cadrer le rôle, l'objectif, le contexte, la solution attendue, et surtout les étapes à suivre. C'est exactement ce que te propose le framework ROSES.

Définition du framework ROSES

ROSES est l'acronyme de :

- **Rôle** → Qui est l'IA dans ce scénario ?
- **Objectif** → Quel est le but final de la mission ?
- **Scénario** → Quelle est la situation concrète à résoudre ?
- **Expected solution** → Quelle solution espères-tu obtenir ?
- **Steps** → Quelles étapes l'IA doit-elle suivre pour structurer sa réponse ?

En posant ces 5 piliers dans ton prompt, tu **encadres parfaitement** l'intelligence artificielle dans **un rôle de co-créateur ou de co-stratège**. L'IA ne va pas seulement "répondre à une question" : elle va **réfléchir avec toi, proposer une solution cohérente**, et **la détailler étape par étape**, comme un expert le ferait en réunion de travail.

Pourquoi ROSES est adapté aux projets complexes

Un projet, par définition, implique :

- un **objectif à atteindre**,
- des **ressources limitées** (temps, budget, équipe),

- un **cadre contextuel** (secteur, cible, contraintes internes ou externes),
- des **choix à faire**,
- et une **mise en œuvre concrète**.

ROSES te permet de traduire cette complexité en un **prompt structuré**, dans lequel tu :

- délègues à l'IA un rôle clair (designer, marketeur, UX strategist, conseiller RH...),
- exposes le but que tu vises,
- décris le scénario de manière vivante et réaliste,
- précises la nature de la solution attendue (stratégie, plan, prototype, concept...),
- et demandes une réponse en plusieurs **étapes logiques**.

Ce format est **parfait pour les séances de travail créatives**, les brainstorming, les business cases, les phases de diagnostic, ou même les simulations (ex. : "Que se passe-t-il si on change X dans ce système ?").

Quelques types de projets typiques à traiter avec ROSES

Projet	Utilité de ROSES
Lancement produit	Simuler une campagne de lancement, construire un plan de communication, définir un persona et les points de contact.
Amélioration UX	Identifier les irritants dans un parcours utilisateur et proposer une refonte étape par étape.
Stratégie RH	Structurer un processus d'intégration ou un parcours de formation selon plusieurs profils types.
Optimisation de service client	Créer des scénarios de réponse, proposer une meilleure organisation du back-office, améliorer l'expérience post-achat.
Pilotage de projet événementiel	Définir les grands jalons, les équipes impliquées, les objectifs et les livrables attendus pour chaque phase.
Transformation digitale d'une entreprise	Identifier les priorités, proposer un plan par paliers et définir des outils numériques adaptés aux besoins.

Dans tous ces cas, *l'IA devient un assistant stratégique*. Tu ne l'utilises plus comme une simple machine à texte, mais comme *un copilote dans ta réflexion de projet*.

En résumé

Le framework ROSES est *le modèle le plus adapté dès que tu veux travailler avec l'IA sur une tâche de fond, stratégique, opérationnelle et complexe*.

Il te permet de :

- *Poser les bonnes bases* de réflexion (contexte, objectif, rôle…),
- *Guider la structuration de la réponse* pour éviter la dispersion,
- *Obtenir un plan, une stratégie ou une solution réaliste et applicable*,
- Et surtout de *travailler avec l'IA comme avec un collaborateur expérimenté*, pas comme un assistant basique.

L'une des plus grandes forces du framework ROSES, c'est sa capacité à structurer des réponses autour de problématiques complexes et systémiques, comme celles que l'on rencontre dans *la conception de produits, le prototypage ou la stratégie UX* (User eXperience).

Ces domaines exigent de réfléchir à plusieurs niveaux à la fois : l'utilisateur, le parcours, les objectifs business, les fonctionnalités, les interactions, les canaux, les outils... et d'imaginer des *solutions cohérentes, testables et orientées résultats*.

Formuler un prompt structuré avec ROSES permet de transformer l'intelligence artificielle en **co-concepteur**, en **UX strategist**, en **product designer** ou en **spécialiste de l'expérience client**, selon le rôle que tu définis. Et c'est justement cette capacité à embarquer l'IA dans une démarche de design complexe, tout en restant claire et orientée solution, qui rend ROSES aussi efficace.

Pourquoi ROSES est idéal pour les problématiques UX et produits

Quand tu travailles sur un produit digital ou une interface utilisateur (application, site web, plateforme...), tu ne veux pas une simple réponse générique. Tu veux :

- une *compréhension claire du contexte d'utilisation*,
- une *proposition qui tient compte de la réalité des utilisateurs*,
- une *logique d'étapes* pour construire ou améliorer le produit,
- et une *solution concrète, testable, avec des points d'optimisation identifiés*.

La conception UX n'est pas une suite d'intuitions. C'est une **démarche stratégique, centrée utilisateur, itérative et mesurable**. Et pour cela, l'IA doit être bien briefée : elle doit comprendre le rôle qu'elle joue, le problème que tu poses, le contexte d'usage, la solution que tu attends, et comment elle doit dérouler sa réflexion.

Le framework ROSES te donne justement une structure en cinq points pour y parvenir :

Élément	Utilité en UX/design produit
Rôle	Permet à l'IA d'adopter la posture d'un UX designer, product owner, UI specialist...
Objectif	Clarifie ce que tu veux atteindre : une meilleure rétention, une navigation fluide, un MVP fonctionnel...
Scénario	Donne à l'IA le cadre réel d'utilisation : qui, quand, comment, sur quel support, avec quelles contraintes...
Expected solution	Cible le livrable attendu : wireframe, parcours utilisateur, liste de fonctionnalités, améliorations...
Steps	Donne une méthode de réponse claire : diagnostic, idéation, prototypage, test, optimisation...

Exemple 1 : Prototypage d'une application mobile

Contexte :

Tu veux créer une application mobile pour aider les étudiants à organiser leur emploi du temps, gérer leurs révisions et éviter la surcharge mentale. Tu n'as pas encore de maquette, mais tu veux un prototype conceptuel, avec les écrans-clés et le parcours utilisateur.

Prompt ROSES :

Tu es un UX designer expert en applications mobiles éducatives.

Objectif : Créer un prototype conceptuel pour une app mobile qui aide les étudiants à planifier leurs tâches, suivre leurs révisions, et améliorer leur bien-être mental.

Scénario : L'application est destinée à des étudiants entre 18 et 25 ans, souvent débordés, qui jonglent entre cours, examens et vie perso. Ils utilisent surtout leur smartphone. Le but est de leur permettre de visualiser leur charge mentale, recevoir des rappels doux, et avoir une interface intuitive.

Expected solution : Propose les écrans principaux du prototype (accueil, agenda, suivi mental, planification rapide...), avec pour chaque écran : nom, objectif, éléments visibles, et interactions clés.

Steps :

1. Résume les besoins utilisateurs en 5 points
2. Détaille 5 écrans fondamentaux
3. Décris un scénario d'usage type
4. Termine par 2 pistes d'amélioration UX à tester en version bêta

Résultat attendu :

L'IA te livre un proto-concept clair avec des idées visuelles, des fonctionnalités utiles, une logique utilisateur fluide — une base de travail que tu peux confier à ton designer ou tester auprès d'étudiants.

Exemple 2 : Améliorer l'UX d'un site existant

Contexte :

Tu es responsable marketing dans une startup SaaS. Ton site convertit peu de visiteurs en essais gratuits. Tu soupçonnes un problème d'expérience utilisateur sur les pages principales.

Prompt ROSES :

Tu es un expert en UX design et conversion pour les sites SaaS B2B.

Objectif *: Identifier les points de friction UX sur notre site et proposer un plan d'amélioration.*

Scénario *: Le site propose un outil de gestion de projet collaboratif. Nos visiteurs viennent principalement via Google Ads et des articles de blog. Ils atterrissent sur la page d'accueil ou la page "Fonctionnalités". Nous avons un bon trafic mais peu d'inscriptions à l'essai gratuit.*

Expected solution *: Je veux une analyse rapide des causes probables de la non-conversion, suivie d'un plan d'action UX en 5 points pour optimiser l'expérience utilisateur.*

Steps :

1. Diagnostique les 3 hypothèses principales de friction
2. Propose des améliorations visuelles et textuelles
3. Intègre une recommandation sur l'ordre des blocs et les CTA
4. Suggère un A/B test simple à mettre en place

Résultat attendu :

L'IA t'apporte une analyse stratégique de l'UX, des recommandations concrètes, des micro-ajustements testables rapidement, et un plan d'action structuré pour optimiser la conversion.

Exemple 3 : Conception d'un MVP produit digital

Contexte :

Tu lances un nouveau service : une plateforme en ligne pour aider les parents à organiser les repas de la semaine en fonction du budget, du temps disponible et des préférences alimentaires. Tu veux un MVP simple à tester auprès des premiers utilisateurs.

Prompt ROSES :

Tu es un product designer spécialisé en MVP et validation marché.

Objectif *: Concevoir un MVP simple mais fonctionnel d'un outil web de planification de repas pour familles pressées.*

Scénario *: Cible : parents actifs avec 2 enfants, peu de temps pour cuisiner, veulent manger équilibré sans exploser leur budget. L'outil doit proposer un menu hebdomadaire, des listes de courses et des alternatives.*

Expected solution *: Propose une architecture de MVP avec 3 fonctionnalités essentielles, une logique de navigation simple, et un scénario d'usage type.*

Steps :

1. Liste les attentes essentielles du persona
2. Décris les 3 fonctionnalités de base
3. Propose un nom temporaire pour le projet
4. Termine par une suggestion d'outil no-code pour créer la version test

En résumé

Le framework ROSES est un ***formidable accélérateur pour tout projet de design produit, UX ou prototypage***. Il te permet de :

- Cadrer précisément ta demande à l'IA,
- Obtenir des solutions réalistes, cohérentes, orientées utilisateurs,

- Générer un plan clair à suivre (ou à faire suivre),
- Réduire drastiquement le temps de réflexion ou de briefing initial,
- Et poser des bases solides pour construire, tester et améliorer.

ROSES transforme l'*IA en allié stratégique et créatif, capable de penser en systèmes, de résoudre des problèmes complexes, et d'ouvrir de nouvelles pistes de conception*. Que tu sois UX designer, product manager, entrepreneur ou consultant, c'est un outil à intégrer dans ta boîte à outils de conception.

ATELIER : CONSTRUIRE UN PROMPT ROSES POUR AMÉLIORER UN SERVICE CLIENT

Le service client est un pilier fondamental de toute entreprise, quel que soit le secteur d'activité. Il influence directement :
- *la fidélité des clients*,
- *la réputation de la marque*,
- *et la conversion des prospects*.

Mais dans la réalité du terrain, améliorer un service client n'est jamais une tâche simple. Cela implique de *prendre en compte l'expérience utilisateur, les outils disponibles, les attentes des clients, les ressources humaines...* et de *proposer une solution adaptée, cohérente et réaliste*. C'est donc un *scénario complexe*. Et comme tu l'as appris dans les précédentes sections, le framework ROSES est parfaitement adapté à ce type de mission.

Dans cet atelier, tu vas apprendre à *formuler un prompt structuré avec ROSES*, dans le but d'*analyser un service client existant et proposer des pistes d'amélioration concrètes*, avec l'aide de l'intelligence artificielle.

Objectif de l'atelier

Utiliser le framework ROSES pour construire un **prompt stratégique et complet**, permettant à l'IA :

- d'analyser la situation actuelle d'un service client,
- d'identifier les points de friction ou d'insatisfaction,
- de proposer des solutions concrètes (process, outils, communication),
- et de structurer un plan d'amélioration en plusieurs étapes.

Étape 1 – R pour Rôle

Le rôle que tu attribues à l'IA détermine le **point de vue qu'elle va adopter**, le niveau de professionnalisme de la réponse, le vocabulaire utilisé, et la logique d'analyse.

Exemple :

Tu es un expert en expérience client et en organisation de services après-vente pour les entreprises e-commerce.

Ce rôle permettra à l'IA d'adopter une **posture de consultant professionnel**, orienté efficacité et qualité de service.

Étape 2 – O pour Objectif

Ici, tu dois formuler clairement **le but final de ta demande**. Que cherches-tu à améliorer ? Qu'espères-tu obtenir comme transformation ?

Exemple :

Je veux améliorer l'efficacité et la qualité perçue de notre service client digital, pour réduire les temps de réponse, augmenter la satisfaction client, et limiter la perte de prospects due à une mauvaise expérience.

L'objectif oriente toute la réponse de l'IA vers **un résultat mesurable**, et pas seulement un conseil général.

Étape 3 – S pour Scénario

Tu décris ici la **situation réelle**, avec les contraintes, les données concrètes, le type de public visé, les outils utilisés... Plus tu es précis, plus l'IA pourra proposer des solutions adaptées à ton contexte.

Exemple :

Nous sommes une boutique e-commerce qui vend des accessoires tech pour télétravailleurs. Notre service client se fait uniquement par email et via un chatbot sur notre site.

Ce scénario permet à l'IA de **comprendre les contraintes opérationnelles**, et d'adapter ses propositions à une petite structure.

Étape 4 – E pour Expected Solution

C'est ici que tu expliques **ce que tu attends concrètement** comme livrable : type de réponse, format, profondeur, angle d'analyse.

Exemple :

Je veux une liste claire de 5 actions prioritaires à mettre en œuvre pour améliorer notre service client, avec une courte justification pour chaque proposition. Je souhaite que les solutions soient réalistes, adaptées à une PME, et sans nécessiter de gros investissements techniques.

Cette formulation évite à l'IA de proposer des réponses floues ou irréalistes (ex. : "recrutez une équipe de 10 personnes").

Étape 5 – S pour Steps

Tu guides ici la structure de la réponse : comment tu veux que l'IA traite le sujet, étape par étape.

Exemple :

1. *Fais un diagnostic rapide des points faibles du service client actuel*
2. *Propose 5 actions concrètes avec une justification pour chacune*
3. *Classe-les par priorité (impact x faisabilité)*
4. *Termine par une suggestion de KPI pour mesurer les améliorations.*

Cette structure permet à l'IA de te livrer une réponse organisée, exploitable et immédiatement actionnable.

Prompt final ROSES

Voici comment assembler ton prompt complet :

Tu es un expert en expérience client et organisation de services après-vente pour les e-commerces.

Objectif *: Je souhaite améliorer la qualité et l'efficacité de notre service client digital, en réduisant les délais de réponse et en augmentant la satisfaction globale.*

Scénario *: Je travaille pour une boutique en ligne spécialisée dans les accessoires pour télétravailleurs. Notre SAV fonctionne par email et via un chatbot. L'équipe est composée de deux personnes à temps partiel. Le délai de réponse moyen est de 48 heures. Cela provoque des retours négatifs et des paniers abandonnés. Le nombre de requêtes client est en hausse constante.*

Expected Solution *: Je veux une liste claire de 5 actions prioritaires à mettre en place pour améliorer notre service client, avec une justification brève et concrète pour chaque action. Les propositions doivent être réalistes pour une PME avec peu de moyens.*

Steps *:*

1. *Dresse un diagnostic rapide des problèmes clés*
2. *Propose 5 actions avec leur justification*
3. *Classe-les par ordre de priorité*
4. *Termine par 2 indicateurs simples à suivre pour mesurer les progrès*

Résultat attendu

Avec ce prompt, l'IA peut générer une *feuille de route opérationnelle*, directement applicable, comprenant :

- des *solutions réalistes*, tenant compte des moyens disponibles,
- une *priorisation claire*, qui t'aide à décider quoi faire en premier,
- des *KPI simples à mettre en place* pour suivre les résultats (ex. : taux de satisfaction, délai de réponse moyen, taux de réclamation),
- et *même des suggestions d'outils ou d'automatisations* (ex. : réponses type, CRM léger, automatisation des emails...).

En résumé

Ce mini-atelier t'a permis de :

- Comprendre *comment adapter ROSES* à une problématique de service client,
- Structurer un *prompt complet, stratégique et réaliste*,
- Obtenir une réponse exploitable sans aller-retours inutiles avec l'IA.

Avec cette approche, tu gagnes :

- en *clarté* dans ta vision du problème,
- en *efficacité* dans ta manière de briefer,
- et en *rapidité* dans la mise en œuvre de vraies solutions.

CHAPITRE 7
Intégrer les IA à ton quotidien

QUELLES SONT LES TÂCHES QUE L'IA PEUT AIDER TOUTE PERSONNE À GÉRER AU QUOTIDIEN ?

L'un des plus grands avantages de l'intelligence artificielle (notamment les IA conversationnelles comme ChatGPT) est *sa capacité à simplifier, accélérer et améliorer un très grand nombre de tâches quotidiennes*, aussi bien dans la vie professionnelle que personnelle. L'IA n'est pas seulement un assistant pour les experts ou les technophiles : *tout le monde peut en tirer parti*, à condition de savoir quoi lui demander.

Voici une liste détaillée et complète des tâches que l'IA peut t'aider à accomplir au quotidien, accompagnée de son utilité pratique expliquée en quelques lignes.

1. Planifier sa journée, sa semaine ou son mois
L'IA peut t'aider à organiser tes priorités, te proposer un emploi du temps réaliste basé sur tes objectifs et même intégrer des moments de pause pour éviter la surcharge. Elle t'aide à structurer ton temps en tenant compte de ton rythme naturel (matinal ou nocturne, focus ou dispersé).

2. Créer des listes de tâches intelligentes
Elle peut transformer une intention vague ("je dois préparer ma rentrée") en une *checklist complète et hiérarchisée*, avec des rappels, des échéances, et des suggestions d'outils pour t'organiser efficacement.

3. Écrire des emails ou messages professionnels

Qu'il s'agisse de répondre à un client, faire une relance, ou envoyer une candidature, l'IA peut te rédiger des emails clairs, polis, et adaptés au ton que tu souhaites (formel, amical, assertif...). ***Gain de temps + zéro faute***.

4. Prendre des notes de réunion ou les résumer

À partir de ta prise de notes brute ou d'une transcription, l'IA ***peut structurer les informations importantes***, générer un compte-rendu clair, et même extraire les actions à suivre.

5. Faire des résumés de livres, articles, vidéos

Tu gagnes un temps précieux : plus besoin de tout lire ou visionner. L'IA extrait les idées principales et peut même te proposer ***des fiches de lecture*** prêtes à être partagées ou utilisées en réunion.

6. Réviser un sujet ou t'expliquer un concept

Que tu sois étudiant, professionnel en reconversion ou simplement curieux, l'IA peut ***vulgariser n'importe quel sujet***, t'expliquer une notion avec des exemples, ou même te faire des quiz interactifs pour t'entraîner.

7. Écrire des posts pour les réseaux sociaux

L'IA peut t'aider à rédiger des publications engageantes pour LinkedIn, Instagram, Twitter/X ou Facebook, en respectant les codes de chaque plateforme. Elle peut aussi te suggérer des ***angles, des hashtags, des titres accrocheurs et des appels à l'action***.

8. Créer du contenu marketing ou pédagogique

Rédaction de newsletters, fiches produits, scripts vidéo, guides pratiques, accroches publicitaires… L'IA peut te faire gagner des **heures de brainstorming** et t'inspirer même quand tu as la page blanche.

9. Améliorer ou reformuler un texte

Tu peux lui soumettre un texte que tu as écrit (mail, post, discours, article…) et elle te le rendra plus clair, plus fluide, plus percutant ou plus professionnel, selon tes besoins.

10. Préparer une prise de parole ou un pitch

Tu peux décrire ton contexte (réunion, pitch commercial, entretien), et l'IA t'aidera à **formuler ton discours, structurer tes arguments et anticiper les objections**, voire t'entraîner à répondre.

11. Organiser un événement (pro, perso ou familial)

L'IA peut t'aider à planifier un anniversaire, une conférence, un atelier, un webinaire… en te générant un rétroplanning, des idées d'activités, un budget, une liste de matériel, etc.

12. Trouver des idées de cadeau ou d'activités

Que ce soit pour un proche, un client, un collègue ou toi-même, l'IA peut te proposer des idées personnalisées en fonction du profil, du budget, et de l'occasion.

13. Rédiger un CV, une lettre de motivation, un profil LinkedIn

L'IA peut t'aider à mettre en valeur ton parcours, reformuler tes compétences avec impact, ou encore générer un **profil professionnel cohérent et attractif**.

14. Créer un business plan ou un plan de projet

En lui donnant les grandes lignes de ton idée, l'IA peut structurer un business plan simplifié, te proposer une analyse SWOT, une proposition de valeur, un budget prévisionnel, ou encore un **pitch deck pour investisseurs**.

15. Gérer ses finances personnelles ou ses budgets

L'IA peut t'aider à créer un tableau de budget simple, à identifier des postes de dépense à optimiser, ou à simuler l'impact d'une décision (ex. : épargne, crédit, mensualités, objectif d'achat).

16. Générer des idées de projets créatifs

Tu peux utiliser l'IA comme un partenaire de brainstorming, que ce soit pour écrire une histoire, lancer un blog, créer une marque, imaginer un produit ou concevoir une offre originale.

17. T'aider à prendre une décision raisonnée

L'IA peut comparer des options, poser les pour et les contre, proposer des critères de choix, et t'aider à structurer ton raisonnement pour une prise de décision plus objective.

18. Automatiser des tâches simples

En te guidant vers des outils no-code ou des routines automatisables (Zapier, Notion, Trello…), l'IA peut t'aider à gagner du temps chaque jour : notifications, rappels, génération de documents, etc.

19. Créer des routines bien-être et productivité

Tu peux lui demander de t'aider à bâtir une routine du matin, une méthode de concentration (type Pomodoro), ou une checklist anti-procrastination sur mesure.

20. T'assister dans l'apprentissage de langues ou compétences

L'IA peut te corriger, te faire converser, te poser des questions, t'expliquer les règles ou te créer des exercices personnalisés dans n'importe quelle langue ou sujet.

L'IA n'est pas juste une "aide ponctuelle" ou un "jouet technologique". Elle peut devenir **un véritable copilote de ta vie quotidienne**, t'aidant à :

- *organiser, produire, apprendre, décider et progresser*,
- tout en te faisant *gagner du temps, de la clarté et de l'énergie mentale*.

Et plus tu apprends à lui formuler des demandes précises (en t'appuyant sur des frameworks comme RISE, TRACE, ERA, CARE ou ROSES), plus ses réponses deviennent pertinentes, puissantes et personnalisées.

UTILISER CES PROMPTS DANS CHATGPT, NOTION AI, CLAUDE, GEMINI, COPILOT, PERPLEXITY, DEEPSEEK ETC.

Maintenant que tu maîtrises les *frameworks de structuration de prompt* (RISE, TRACE, ERA, CARE, ROSES), l'étape suivante consiste à *les appliquer concrètement dans les outils d'intelligence artificielle que tu peux utiliser au quotidien*. Il en existe plusieurs, avec des spécificités, des avantages et des limites propres à chacun.

L'objectif ici est de t'expliquer comment adapter tes prompts aux différents assistants IA disponibles sur le marché, pour que tu puisses travailler efficacement peu importe la plateforme que tu utilises.

1. ChatGPT (OpenAI)

C'est l'outil le plus polyvalent et accessible du marché. Avec ChatGPT, tu peux utiliser tous les frameworks présentés dans ce livre sans aucune restriction. Il comprend très bien les prompts complexes, accepte les contextes longs, et permet des conversations continues.

Bonnes pratiques :

- Tu peux directement copier-coller tes prompts RISE, TRACE, CARE, etc., sans les adapter.
- Utilise les fils de discussion pour aller plus loin ou faire évoluer une réponse.

Avec ChatGPT Plus (GPT-4), tu peux uploader des documents, demander des analyses de fichiers, ou même intégrer des images et des tableaux.

Exemple d'usage :

"Tu es un coach carrière (Rôle). J'aimerais améliorer mon profil LinkedIn (Objectif). Voici mon profil actuel (Scénario). Je veux un texte plus professionnel, dynamique et adapté aux recruteurs tech (Expected Solution). Donne-moi un brouillon en 3 étapes (Steps)."

2. Notion AI

Parfait pour ceux qui utilisent déjà Notion comme outil d'organisation, de rédaction ou de gestion de projets. Notion AI agit comme un rédacteur ou assistant intégré dans ton espace de travail.

Ce qu'il fait bien :

- Résumer des notes, organiser des idées, créer des to-do lists ou des documents structurés.
- T'aider à reformuler des textes, générer des tableaux ou des contenus pédagogiques.

Limites :

- Comprend bien les prompts simples et semi-complexes, mais n'est pas optimal pour des prompts longs avec beaucoup de contexte.
- Mieux vaut utiliser des frameworks comme ERA ou TRACE ici, plutôt que ROSES (trop long à traiter).

Conseil :

Formule des prompts clairs et orientés action, comme :

"Résume cette note de réunion en 5 points clés et génère une liste des prochaines étapes à suivre."

3. Claude (Anthropic)

Claude est une IA très performante pour le traitement de documents longs, l'analyse structurée, l'écriture créative ou argumentative. Elle accepte un grand volume de texte en entrée.

Idéal pour :

- Analyse de rapports PDF, études de marché, scripts, longs articles…
- Application de prompts structurés comme CARE ou ROSES, avec beaucoup de contexte.

Ce qu'elle fait très bien :

- Respecte les consignes précises,
- Reprend la structure que tu donnes,
- Apporte des réponses nuancées et contextuelles.

Exemple d'usage :

"En tant que consultant UX, analyse ce parcours client (doc joint), identifie 3 points faibles, et propose 3 actions d'amélioration selon le modèle ROSES."

4. Gemini (Google)

Gemini (anciennement Bard) est intégré à l'environnement Google. Il est utile si tu travailles beaucoup avec :

- Google Docs, Gmail, Google Agenda, Drive...
- Et que tu veux une IA pour automatiser ou enrichir ton travail directement dans ces outils.

Idéal pour :

- Générer du contenu dans un document Google,
- Créer des réponses d'email contextuelles,
- Résumer des mails ou réunions.

Limites :

- Moins bon que ChatGPT pour la créativité ou la structuration avancée, mais très bon pour la productivité liée à Google Workspace.

Bonnes pratiques : Utilise des prompts courts, ciblés, actionnables avec TRACE ou ERA.

5. Microsoft Copilot (anciennement Bing Chat Enterprise)

Copilot est idéal pour les utilisateurs de Microsoft 365 (Word, Excel, Outlook, Teams). Il est intégré dans les outils, ce qui te permet d'utiliser l'IA en contexte réel de travail.

Ce qu'il fait très bien :

- Générer des emails Outlook clairs et professionnels,
- Résumer un document Word ou une réunion Teams,
- Créer des tableaux dans Excel avec des formules automatiques.

Frameworks adaptés : ERA, TRACE et RISE, notamment pour les demandes structurées type :

"Crée-moi une fiche projet dans Word avec les sections suivantes : Objectifs – Méthodologie – Planning – Ressources – Budget estimé."

6. Perplexity

Perplexity est parfait pour faire de la veille, rechercher des sources fiables, poser des questions factuelles ou stratégiques. Il donne des réponses sourcées et peut aller chercher des données en temps réel.

Idéal pour :

- Trouver des statistiques, des tendances, des définitions.
- Explorer un sujet rapidement avant d'écrire ou de prendre une décision.

Utilise-le avec : Des prompts ERA ou TRACE, pour cadrer la recherche.

Exemple :

"Tu es un expert en tendances marketing. Je veux une synthèse claire des dernières évolutions dans le domaine du contenu court (Reels, Shorts, TikTok). Résume en 5 points avec des sources fiables."

7. DeepSeek AI

DeepSeek est une IA open-source puissante (surtout en version codée ou locale), adaptée à ceux qui veulent gérer leur propre environnement d'IA. Elle est utile pour :

- Les développeurs,
- Les technophiles,
- Ceux qui veulent des performances IA sans dépendre d'un cloud externe.

Utilisation recommandée :

- Générer du code,
- Résoudre des problèmes techniques,
- Automatiser des flux internes,
- Travailler sur des données sensibles de manière autonome.

Prompts à utiliser : Des modèles RISE ou ROSES pour la conception de systèmes, d'algorithmes ou de structures complexes.

IA / Assistant	Idéal pour...	Frameworks recommandés
ChatGPT	Usage polyvalent, création, stratégie, réflexion	Tous
Notion AI	Organisation, synthèse, productivité personnelle	ERA, TRACE
Claude	Analyse fine, longue lecture, structuration créative	CARE, ROSES, RISE
Gemini (Google)	Outils Google, emails, docs, tâches bureautiques	TRACE, ERA
Copilot (Microsoft)	Emails pro, Office, présentations, tableaux, fiches projets	TRACE, RISE, ERA
Perplexity	Recherche rapide, veille, sourcing d'informations fiables	ERA, TRACE
DeepSeek	Autonomie technique, code, environnement privé ou local	RISE, ROSES

Astuce : Un prompt bien structuré fonctionne sur toutes les IA

Peu importe l'outil utilisé, ce que les intelligences artificielles comprennent le mieux, ce sont *des instructions précises, complètes, contextuelles et logiques.*

C'est exactement ce que t'offrent les frameworks que tu maîtrises désormais : *tu parles le langage de l'IA.*

Utilise-les intelligemment, adapte leur longueur à la capacité de l'outil, et tu transformeras *n'importe quelle IA en un allié ultra-compétent* pour ton travail, ton apprentissage ou ta créativité.

Dans les prochaines pages, tu apprendras à créer **ta propre bibliothèque de prompts intelligents**, pour automatiser tes routines et travailler plus efficacement chaque jour, avec moins d'effort.

CRÉER TA BIBLIOTHÈQUE PERSONNELLE DE PROMPTS

À mesure que tu découvres les multiples usages de l'intelligence artificielle, tu te rends compte qu'il ne suffit pas *d'écrire un bon prompt une fois*. Ce qui fait toute la différence sur le long terme, c'est ta capacité à :

- *retenir les prompts qui fonctionnent vraiment*,
- *les réutiliser facilement*,
- *les améliorer progressivement*,
- *et les adapter à différents contextes.*

C'est là qu'intervient une pratique puissante mais encore trop sous-estimée : *la création d'une bibliothèque personnelle de prompts*. Cette bibliothèque devient ton *outil de productivité augmenté*, un véritable tableau de bord pour exploiter le potentiel des IA de manière structurée, intelligente et cohérente dans le temps.

Pourquoi créer une bibliothèque de prompts ?

1. Gagner du temps

Tu n'as plus besoin de recommencer de zéro à chaque fois. Tu choisis un prompt adapté à la situation, tu l'adaptes rapidement... et tu obtiens une réponse pertinente en quelques secondes.

3. Uniformiser tes demandes

Si tu travailles en équipe, ta bibliothèque peut aussi servir à standardiser les interactions avec l'IA. Tout le monde utilise les mêmes modèles de prompt, ce qui garantit une cohérence dans les résultats.

4. Créer une vraie méthode de travail assistée par IA

Tu passes d'un usage ponctuel à une stratégie d'automatisation et d'assistance intelligente.

Que contient une bonne bibliothèque de prompts ?

Ta bibliothèque personnelle doit être organisée, claire, facilement consultable, et contenir :

Élément	Description
Titre du prompt	Un nom court, explicite et reconnaissable (ex. : "Plan de contenu LinkedIn", "Analyse SWOT", "Pitch commercial")
Objectif du prompt	À quoi il sert ? (ex. : rédiger un post, créer un plan stratégique, générer une idée, automatiser une tâche)
Framework utilisé	TRACE, RISE, ROSES, ERA, CARE (utile pour comprendre la logique du prompt)
Texte du prompt	Le prompt lui-même, structuré avec tous les éléments nécessaires (rôle, contexte, format, attentes, exemple…)
Commentaires ou variantes	Des conseils pour l'adapter, des résultats obtenus, ou des retours d'expérience

Exemple de fiche de prompt dans ta bibliothèque

Élément	Description
Titre du prompt	Générer une stratégie de contenu LinkedIn
Objectif du prompt	Créer un planning éditorial hebdomadaire pour renforcer sa visibilité professionnelle
Framework utilisé	CARE
Texte du prompt	Tu es un expert en communication digitale. **Contexte** : Je suis consultant en développement personnel et je veux publier du contenu utile, engageant et visible pour mon audience de cadres en reconversion. **Action** : Propose un plan de publication LinkedIn sur 4 semaines, avec 2 posts par semaine. Pour chaque post, indique : le thème, l'angle, le titre, le type de format, et un call-to-action adapté. **Résultat** : Je veux un tableau structuré que je peux copier dans mon outil de planification. **Exemple** : J'aime les posts qui commencent par une anecdote, une statistique ou une question qui interpelle.
Commentaires ou variantes	Variante possible : ajouter une colonne "objectif de chaque post" (ex. : visibilité, notoriété, conversion).

Comment organiser ta bibliothèque ?

Tu peux utiliser différents outils, en fonction de tes habitudes de travail :

Notion (recommandé)

- Tu peux créer une base de données avec des tags (thème, usage, outil, framework).
- Ajoute des champs personnalisés (niveau de complexité, IA préférée, format du livrable…).
- Tu peux filtrer tes prompts par catégorie (ex. : "réseaux sociaux", "stratégie", "éducation").

Google Docs ou Word
- Crée un document structuré avec un sommaire cliquable.
- Classe les prompts par type de besoin ou par IA utilisée.

Excel / Google Sheets
- Colonne 1 : Nom du prompt
- Colonne 2 : Objectif
- Colonne 3 : Framework
- Colonne 4 : Texte du prompt
- Colonne 5 : Résultat obtenu / Notes

Dossiers locaux (Markdown ou PDF)
Pour un usage hors ligne ou confidentiel, tu peux stocker tes prompts en
.md ou .txt, dans des dossiers thématiques.

Astuce : crée des "prompts-template"
Un prompt-template, c'est un prompt semi-rempli, que tu n'as qu'à
personnaliser selon le contexte.

Exemple :
Tu es un expert en [domaine].
Contexte : Je travaille sur [projet / mission] destiné à [cible].
Action : Génère un [type de contenu ou livrable] en suivant ces critères :
[détail...].
Résultat : Je veux un rendu [format attendu, ton, durée...].
Exemple : [phrase inspirante, modèle ou style visé].
Tu peux copier-coller ce template à chaque nouveau besoin et le
remplir en 1 minute.

Quelques catégories utiles à avoir dans ta bibliothèque :

- *Marketing & Réseaux sociaux* : posts, campagnes, stratégie, contenus viraux
- *Éducation & Formation* : cours, quiz, synthèses, supports pédagogiques
- *Organisation & Productivité* : to-do lists, plannings, routines, automatisations
- *Business & Pitch* : business plans, propositions de valeur, SWOT, ICP
- *Communication & RH* : emails, annonces, gestion de conflits, messages d'équipe
- *Lecture & Analyse* : fiches de lecture, résumés de contenus, synthèses de veille
- *Création & Code* : instructions no-code, scripts, automatisation simple
- *Écriture créative* : storytelling, script, développement d'idées
- *Création & Code* : instructions no-code, scripts, automatisation simple
- *Écriture créative* : storytelling, script, développement d'idées

---

Créer ta **bibliothèque personnelle de prompts**, c'est poser les fondations d'une **productivité durable avec l'IA**. C'est ton carnet de recettes, ton GPS stratégique, ton tableau de bord.

Tu y gagnes :

- *du temps chaque jour,*
- *des résultats constants et de qualité,*
- *et une méthode de travail réplicable.*

C'est une habitude qui, à elle seule, peut **multiplier ton efficacité professionnelle ou personnelle**, et transformer l'IA en **véritable collaborateur augmenté**, pas juste un assistant ponctuel.

CONCLUSION

Tu arrives à la fin de ce guide, et si tu es allé jusqu'ici, c'est que tu veux vraiment tirer le meilleur de l'intelligence artificielle pour transformer ton quotidien. Tout au long de ces chapitres, tu as appris que l'IA ne vaut que par la qualité des consignes qu'on lui donne.

Autrement dit : un bon prompt, c'est déjà 80 % du travail accompli. Mais encore faut-il savoir le structurer. C'est pourquoi nous avons exploré ensemble cinq frameworks puissants et complémentaires : **RISE, TRACE, ERA, CARE et ROSES**, chacun ayant sa propre utilité, selon la nature de la tâche et le niveau de complexité du besoin.

RISE t'a montré comment guider l'IA avec clarté en définissant un rôle, des inputs, des étapes et une attente finale. Il est idéal pour les missions bien structurées, avec plusieurs paramètres à gérer.

TRACE, de son côté, t'a appris à formuler une demande complète pour les tâches de rédaction, de création ou d'organisation, en explicitant la tâche, la requête, l'action, le contexte et un exemple. Il est particulièrement puissant pour générer des contenus ciblés, cohérents et bien contextualisés.

ERA t'a permis d'aller à l'essentiel avec un minimum de mots : une attente claire, un rôle précis, une action définie. C'est le framework idéal pour gagner du temps sans sacrifier la pertinence.

Puis tu as découvert **CARE**, parfait pour les situations où l'intention, l'émotion et la stratégie doivent se combiner – communication, marketing, RH, leadership... Ce modèle t'a appris à formuler des demandes avec sens, logique et impact.

Enfin, **ROSES** t'a équipé pour aborder les scénarios les plus complexes : conception de projets, innovation produit, stratégie UX, résolutions de problèmes multi-facteurs. Ce framework est une véritable boussole de pilotage IA pour tout ce qui demande de la réflexion en profondeur.

Mais avoir ces frameworks en tête ne suffit pas. Ce qui fera la différence à l'avenir, c'est ta *pratique régulière*, ta *curiosité appliquée* et ta capacité à faire *évoluer tes prompts en fonction des résultats* que tu obtiens. Comme un artisan affine ses outils, tu dois affiner tes formulations, tester différentes approches, observer ce qui fonctionne pour toi, et ne pas hésiter à adapter les modèles selon tes besoins spécifiques.

Tu peux, par exemple, fusionner des éléments de RISE avec TRACE, ou simplifier un ROSES pour qu'il fonctionne dans une situation plus rapide. L'idée n'est pas de suivre les cadres à la lettre, mais de les maîtriser suffisamment pour les adapter librement.

Tu peux aussi t'améliorer en construisant ta *bibliothèque personnelle de prompts*, comme nous l'avons vu, ou en créant des templates personnalisés pour automatiser tes tâches récurrentes. Plus tu auras de modèles prêts à l'emploi, plus tu libéreras ton esprit pour la stratégie, la créativité ou la décision.

Tu peux organiser ces prompts selon tes usages (projets, communication, création de contenu, développement personnel), et noter les variantes qui fonctionnent le mieux selon chaque IA que tu utilises (ChatGPT, Claude, Notion AI, Copilot, etc.). Cela te permettra de créer un **écosystème IA sur mesure**, fidèle à ta manière de penser et de travailler.

Et surtout, continue à apprendre. L'intelligence artificielle évolue vite, et les meilleures pratiques de 2023 ne seront pas forcément celles de demain. Explore les nouveautés, suis des créateurs de contenu spécialisés, expérimente les nouvelles IA et outils d'automatisation, compare les résultats, partage tes découvertes avec d'autres. Car plus tu pratiqueras, plus tu comprendras que ce n'est pas l'IA qui te rend intelligent, mais *l'intelligence avec laquelle tu l'utilises*.

En somme, les frameworks t'aident à penser mieux, formuler mieux, travailler mieux. Ils transforment ton dialogue avec l'IA en une collaboration productive, cohérente et efficace. Et à partir de maintenant, c'est à toi de jouer. Sois curieux, sois créatif, sois stratégique. Et surtout, **remplace-toi par l'IA... avant que ton patron ne le fasse.**

BONUS

Retrouvez ici votre bonus. Il s'agit de 30 prompts prêts à l'emploi. Pour les récupérer, scannez ici, saisissez vos informations et récupérez votre bonus !

A PROPOS DE L'AUTEUR

Écrivain, Social média manager et Narrative AI designer, Midokpè René AVOCETIEN fusionne écriture, innovation, illustration et technologies émergentes pour produire des œuvres puissantes et accessibles.

Il intervient régulièrement sur des projets artistiques, éducatifs et communautaires, notamment à travers des bandes dessinées de reportage, des campagnes visuelles engagées et des portraits narratifs.

Reconnu pour son style sensible, expressif et profondément ancré dans les réalités africaines, Midokpè René met son talent au service de la mémoire collective et du changement social.

Chaque projet devient pour lui une occasion de valoriser les voix, les identités et les expériences authentiques des communautés qu'il rencontre.

Auteur de plusieurs livres dont : "*Les échos de Ganvié*", il est joignable au midokperene@gmail.com et +2290162841629.

Merci pour la lecture !